COMTE

COLEÇÃO
FIGURAS DO SABER
dirigida por
Richard Zrehen

Títulos publicados
1. *Kierkegaard*, de Charles Le Blanc
2. *Nietzsche*, de Richard Beardsworth
3. *Deleuze*, de Alberto Gualandi
4. *Maimônides*, de Gérard Haddad
5. *Espinosa*, de André Scala
6. *Foucault*, de Pierre Billouet
7. *Darwin*, de Charles Lenay
8. *Wittgenstein*, de François Schmitz
9. *Kant*, de Denis Thouard
10. *Locke*, de Alexis Tadié
11. *D'Alembert*, de Michel Paty
12. *Hegel*, de Benoît Timmermans
13. *Lacan*, de Alain Vanier
14. *Flávio Josefo*, de Denis Lamour
15. *Averróis*, de Ali Benmakhlouf.
16. *Husserl*, de Jean-Michel Salanskis
17. *Os estóicos I*, de Frédérique Ildefonse
18. *Freud*, de Patrick Landman
19. *Lyotard*, de Alberto Gualandi
20. *Pascal*, de Francesco Paolo Adorno
21. *Comte*, de Laurent Fédi
22. *Einstein*, de Michel Paty

COMTE
LAURENT FÉDI

Tradução
MAURO PINHEIRO

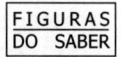

Título original francês: *Comte*
© Societé d'Édition Les Belles Lettres, 2000
© Editora Estação Liberdade, 2008, para esta tradução

Preparação de texto e revisão	Tulio Kawata
Projeto gráfico	Edilberto Fernando Verza
Composição	Nobuca Rachi
Capa	Natanael Longo de Oliveira
Editor-adjunto	Heitor Ferraz
Editor responsável	Angel Bojadsen

CIP-BRASIL. CATALOGAÇÃO-NA-FONTE
Sindicato Nacional dos Editores de Livros, RJ.

F318c

Fédi, Laurent
Comte/ Laurent Fédi; tradução de Mauro Pinheiro. –
São Paulo : Estação Liberdade, 2008
192p. – (Figuras do saber ; 21)

Tradução de: Comte
Inclui bibliografia
ISBN 978-85-7448-135-7

1. Comte, Auguste, 1798-1857 - Crítica e interpretação. 2. Positivismo. I. Título. II. Série.

07-4072.   CDD 146.4
    CDU 165.731

Todos os direitos reservados à
Editora Estação Liberdade Ltda.
Rua Dona Elisa, 116 | 01155-030 | São Paulo – SP
Tel.: (11) 3661-2881 | Fax: (11) 3825-4239
http://www.estacaoliberdade.com.br

Sumário

Referências cronológicas   9

Abreviações   13

Prefácio: os positivismos   15

1. Auguste Comte, o grande reformador   21
   A *imensa revolução social*   21
   A *ciência política*   27
   O que é a filosofia positiva?   31
   A *"universal preponderância da moral"*   35
   A *virada religiosa do positivismo*   38
   O que é a religião positiva?   42
   Uma socioantropologia das regulações   46

2. A ciência   53
   Os modos de explicação do real   53
   O objetivo da ciência   62
   Ciência e técnica   64
   A pluralidade das ciências e das abordagens   67
   O anti-reducionismo   71
   O relativismo   74
   A enciclopédia   78
   A sociologia   81
   A moral   84

3. A sociedade 89
   O organicismo 89
   A família: regulações elementares 93
   O capital, o ardil, o encanto 97
   As classes: luta ou cooperação? 100
   Os círculos medianos: as cidades, a pátria 104
   A Humanidade: deusa moderna? 105
   As raças: a unidade das diferenças 110

4. A história 113
   A historicidade em questão 113
   O fetichismo: quase-alucinação das origens 120
   O politeísmo, a emergência do sobrenatural 127
   O monoteísmo, a ilusão construtiva 130
   *O estado metafísico, nascimento
   da modernidade* 133
   O estado positivo, o sentido da história 137

5. A religião 145
   A síntese 145
   O método subjetivo 147
   *O dogma, o culto, o regime:
   estruturações formais?* 151
   A arte na cidade 155
   A educação: o indivíduo como a Humanidade 160

Conclusão 165
   Positivismo e realidade 165
   De Comte ao Pacs 169
   Positivismo e totalitarismo 172
   Conceitos vivos 175

Indicações bibliográficas 185

Referências cronológicas

1798   Isidore Auguste Comte nasce em Montpellier.

1814   Ingressa na Escola Politécnica.

1816   A Escola Politécnica é fechada. Comte desiste de seguir uma carreira militar no exército ou nas grandes tropas federais.

1817   "Tudo é relativo, eis a única coisa absoluta." Comte começa a trabalhar para Saint-Simon como secretário.

1822   Tiragem confidencial do *Prospecto dos trabalhos científicos necessários para reorganizar a sociedade*, onde se encontra explicada a lei dos três estados.

1824   Comte se desentende definitivamente com Saint-Simon com a publicação do *Plano dos trabalhos científicos necessários para reorganizar a sociedade* (o "Opúsculo fundamental").

1825   Casa-se com Caroline Massin, que "conhecera" alguns anos antes, no Palais-Royal. Publicação das *Considerações filosóficas sobre as ciências e os cientistas*.

1826   Publicação das *Considerações sobre o poder espiritual*. Inauguração de um curso de filosofia positiva. Vítima de uma crise cerebral, Comte é internado na casa de saúde de Esquirol.

1827	Tentativa de suicídio.
1829	Retomada do *Curso de filosofia positiva*.
1830-42	Publicação do *Curso de filosofia positiva*.
1831	Decepcionado com os cientistas, Comte inicia um curso de astronomia popular na Prefeitura da terceira região administrativa (*arrondissement*) de Paris.
1832	Torna-se explicador de Análise e Mecânica na Escola Politécnica. Propõe em vão a Guizot a criação para si próprio de uma cadeira de História das Ciências no Collège de France.
1837	Assume cargo de examinador de admissão na Escola Politécnica.
1838	Pratica a "higiene cerebral" e se abstém de toda leitura deletéria (imprensa).
1839	Cria o neologismo "sociologia" na 47ª aula do *Curso de filosofia positiva*.
1840	Torna-se assinante do *Opéra Italien*, lê grandes poetas ingleses, italianos e espanhóis.
1841-46	Correspondência com John Stuart Mill; surge um desentendimento sobre a questão das mulheres e sobre a "estática social".
1844	Comte perde seu posto de examinador na Escola Politécnica; perseguido pelas "camarilhas reinantes", ele se dedica resolutamente aos proletários e lhes lança pela primeira vez uma convocação por escrito no *Discurso sobre o espírito positivo*.
1845-46	"O ano sem igual." Apaixona-se por Clotilde de Vaux, que morre aos 31 anos de tuberculose.
1851	Perde seu cargo de explicador.
1851-54	Publicação do *Sistema de política positiva*.

1852 Dissidência oficial de Littré. Publicação do *Catecismo positivista*, na forma didática de um diálogo entre a Mulher (Clotilde) e o Padre (Comte).

1855 Publicação do *Apelo aos conservadores*.

1856 Publicação do primeiro tomo da *Síntese subjetiva*, livro desconcertante, interpretado por alguns como um indício de demência.

1857 Comte se prepara para retomar todo seu sistema, quando é surpreendido pela morte. Não conseguirá viver tanto quanto Fontenelle, contrariando suas esperanças, mas o positivismo sobreviverá, especialmente no Brasil. A "Sociedade Positivista" ainda existe.

Abreviações

As abreviações utilizadas remetem às obras e às edições que se seguem:

C   *Cours de philosophie positive* (1830-42). Paris: Hermann, 1975, 2 tomos (citado com o número da lição, de 1 a 60, seguido do número do tomo, I ou II, e da página).

Cat   *Catéchisme positiviste* (1852). Paris: GF, 1966. [Ed. bras.: Catecismo positivista. Trad. M. Lemos. In: *Comte*. São Paulo: Abril Cultural, 1973. (Col. Os Pensadores).]

CPSS *Considérations philosophiques sur les sciences et les savants* (1825), texto retomado por Comte no Apêndice ao SSP, volume IV. [Ed. bras.: Considerações filosóficas sobre as ciências e os cientistas. In: *Opúsculos de filosofia social*. Trad. I. Lins e J. F. Souza. Porto Alegre/São Paulo: Globo/USP, 1972.]

CPS *Considérations sur le pouvoir spirituel* (1826), texto retomado por Comte no Apêndice ao SSP, vol. IV.

Ens *Discours sur l'ensemble du positivisme* (1848), introdução e notas de Annie Petit. Paris: GF, 1998.

EP   *Discours sur l'esprit positif* (1844), introdução e notas de Anne Petit. Paris: Vrin, 1995. [Ed.

bras.: Discurso sobre o espírito positivo. Trad. J. A. Giannotti. In: *Comte*. São Paulo: Abril Cultural, 1973. (Col. Os Pensadores).]

P *Plan de travaux scientifiques nécessaires pour réorganiser la société* (1822-24), texto retomado por Comte no Apêndice ao SPP, vol. IV.

SPP *Système politique positif* (1851-54). Paris: Anthropos, 1970, 4 volumes (citado com o número do volume, seguido da página).

Synth *Synthèse subjective*. Paris: autor/V. Dalmont, 1856.

Prefácio:
os positivismos

Todas as filosofias dão margem à crítica e à controvérsia, pelo próprio "espaço" em que se situa seu discurso, mas, no caso de Auguste Comte, acrescenta-se um fenômeno bem diverso: sua filosofia, freqüentemente depreciada, circula sob uma forma tão caricatural que os comentadores tomaram o hábito de justificar suas pesquisas através de um exercício que consiste em denunciar o estereótipo e em mostrar que o objeto de seu estudo é uma *verdadeira* filosofia.

Os contra-sensos vendidos pela vulgata se devem a um desconhecimento geral da obra, mas igualmente, e sobretudo, a uma visão retrospectiva que projeta sobre a filosofia original e singular de Comte acepções do *positivismo* posteriores, em geral impopulares. Estranho destino, de fato, o da palavra "positivismo" que, por extensões sucessivas, encobre hoje concepções variadas, e cuja história ainda precisa ser escrita. Faremos de início uma exposição sumária dessa diversidade exibindo quatro figuras do "positivismo" que, como mostraremos neste livro, nada têm a ver com Comte.

1. Identificado ao *cientificismo*, o positivismo consiste em dotar a ciência de uma função monopolizante em relação à cultura e ao conjunto dos saberes, ou, mais exatamente, em esperar da ciência "que ela configure sozinha

o sistema completo das verdades do tempo", segundo a fórmula de Alain Badiou, que fala a respeito de uma *sutura* prejudicial à política, à poesia e ao amor.[1] Conforme uma utilização ainda mais propalada, este termo serve para condenar a fé cega no progresso científico, essa esperança que tem por contrapartida um ceticismo religioso e que é ilustrada, por exemplo, no personagem do farmacêutico Homais, de Flaubert.

2. A historiografia dita *positivista* serve para qualificar, com ou sem razão, a escola de historiadores franceses do final do século XIX e do começo do XX (Monot, Langlois, Lavisse, Seignobos), que é censurada por se limitar a uma história factual e por utilizar a noção de *fato* sem análise crítica. Seu modo de escrever a história privilegia os acontecimentos políticos e negligencia a contribuição das disciplinas próximas. Daí resulta uma história erudita e pontilhista, que tenta ingenuamente restituir o passado *tal qual ele foi*, à qual falta a verdadeira atividade do historiador: *explicar* os fatos e se interrogar sobre o presente. Mas é preciso não esquecer que, para essa escola, a recusa da profundidade manifesta uma preocupação metodológica: a vontade de reagir a uma visão literária do passado ou, também, a uma interpretação filosófica para a qual os fatos seriam orientados pelas *leis* necessárias ("a lei dos três estados" de Comte, por exemplo!).

3. O *positivismo lógico* ou *neopositivismo* designa uma corrente filosófica do século XX (Círculo de Viena, Rudolf Carnap, discípulos de Wittgenstein, Karl Popper) que defende, resumindo e abstraindo numerosas variantes, as seguintes teses: a) as questões que são colocadas pela metafísica são pseudoproblemas que a análise da linguagem (uma análise lógico-lingüística) deve dissipar;

---

1. A. Badiou, *Manifeste pour la philosophie*, Paris, Seuil, 1989, p. 42.

ou seja, que essas questões são formuladas de tal modo que não têm significação (diferente dos mitos), e que não é possível decidir as respostas a que elas conduzirão; b) o sentido de uma proposição remete a procedimentos de verificação, ou seja, é sua verificabilidade que garante que ela não é absurda. As questões que abordam "o princípio do ser", "Deus", "o não-ser", etc. não satisfazem essa condição. Popper considera, assim, como critério de cientificidade a "refutabilidade", ou seja, toda disciplina que pretenda alcançar o *status* de ciência deve prestar-se a situações empíricas de refutação, o que não é o caso, segundo ele, da psicanálise; c) existem dois tipos de enunciados dotados de sentido: os enunciados analíticos, que nada dizem sobre o real, e os enunciados sintéticos, verificados pela experiência. Pode-se reconhecer que um enunciado sintético tem um valor cognitivo desde que exprima um *estado das coisas*. Essa posição leva a excluir, contra Kant, a existência de proposições sintéticas (não tautológicas) *a priori* (independentes da experiência). Nisso, ela realça mais geralmente o empirismo, enquanto a designação *positivismo lógico* insiste sobretudo na crítica da metafísica; d) a filosofia tem por missão principal distinguir o sentido e o não-sentido e chegar a uma linguagem precisa e rigorosa; e) uma das tarefas da filosofia poderia ser, por conseguinte, se colocar a serviço da unidade da ciência, o que significa confiar na armadura lógico-matemática do conhecimento científico e na possibilidade de exprimir os resultados deste numa linguagem única.

4. O verbo *positivar*, recentemente popularizado pelos *slogans* publicitários, remetem à atitude pragmática da dona de casa que busca o máximo de eficácia com um mínimo de esforço e de despesa financeira.[2] Essa atitude

---

2. Cf. a réplica de Sinclair em *O raio verde*, de Jules Verne (1882), capítulo XIII: "O arquipélago grego fez nascer para toda uma sociedade

permite conferir ao *positivismo* prático um vago sentido, incluindo o *pragmatismo* (entendamos aqui a atitude que consiste unicamente em subordinar as regras da ação às condições de sucesso), o *utilitarismo* (no sentido banal da pesquisa da utilidade imediata), o *materialismo* (em seus diversos sentidos: interesse exclusivo pelos bens materiais ou explicação de um fato por uma causa situada num plano de realidade inferior). Nessa disposição, vem se inserir a tendência a depreciar toda especulação, ou seja, todo trabalho intelectual, em nome de uma suposta inutilidade...

Informamos desde já que se pode reivindicar o antipositivismo sem tomar partido em relação a Auguste Comte. A imagem de um pensamento seco e desumanizante, restrito a uma concepção dogmática do futuro das ciências e das técnicas, oculta a forma original que Comte quis dar ao positivismo em resposta a uma problemática associada a uma seqüência histórica determinada, marcada pelas mudanças sociais resultantes da Revolução Francesa e da revolução industrial. Dessa forma, o sentido *comtiano* do positivismo (Comte rejeita a designação "comtismo" por conta da pretensão universalizante de seu pensamento) deve ser apreendido no campo de significação polarizado e circunscrito pelo projeto que magnetiza o sistema em sua forma e evolução.

É, portanto, por este projeto, ou seja, pela forma singular da problematização elaborada dentro do sistema comtiano, que nos interessaremos no primeiro capítulo deste livro. A evolução profunda do pensamento de Comte entre o *Curso de filosofia positiva* e o *Sistema*

---

deuses e deusas. Assim seja! Mas você observará que eram divindades bastante burguesas, bastante positivas, dotadas sobretudo de uma vida material, efetuando seus pequenos negócios e mantendo a conta de suas despesas".

de política positiva, suas duas obras principais, não implicará, porém, a contestação de um sentido coerente associado ao projeto de Comte? Não será preciso ver aí, da parte de Comte, a marca de um novo questionamento? A nosso ver, ao contrário, a obra conserva uma forte unidade através de suas modificações profundas, que se deve à continuidade do projeto inicial. Precisemos: a evolução dessa doutrina não procede de um questionamento de sua problemática fundamental, mas de uma meditação, várias vezes ativada pelas experiências vividas, sobre as condições de realização da construção de uma nova ordem social programada nos primeiros textos.

É por essa razão que, se quisermos compreender a originalidade e o alcance do positivismo de Comte, parece-nos desejável, numa primeira parte, retornar ao programa definido nos "opúsculos", depois seguir a evolução de seu pensamento, evitando considerar a última parte da obra como conclusão lógica que orienta o interior das etapas sucessivas dessa gênese, tentando antes relacionar os deslocamentos de estratégia à valorização, expressa nos próprios textos, de objetivos dotados de um caráter prioritário, urgente, superior, etc. Em sua profunda inspiração, a filosofia de Comte é uma filosofia sociopolítica, que pretende, como a de Marx, porém com um programa bem diferente, "mudar" o mundo.

1
Auguste Comte, o grande reformador

A imensa revolução social

No universo de Comte, "concluir a revolução", "regenerar o Ocidente", "regenerar o mundo", designam no fundo um mesmo objetivo, que remete ao mesmo tempo à reorganização da sociedade francesa e européia e à unificação dos povos em uma sociedade potencialmente global. Trata-se de remediar a "crise" instaurada pela lenta decrepitude das idéias teológicas, acentuada em seguida pela Revolução Francesa, o progresso industrial e a generalização incompleta das concepções científicas. Testemunha esclarecida de seu tempo, Comte parte em busca de formas de saber e poder, de novas convicções, de relações sociais adequadas a essa situação que, em muitos aspectos, ainda é a nossa. Toda a obra de Comte deve ser compreendida como uma resposta, inventiva e profunda, a esta "imensa revolução social".

Comte está com dezenove anos quando, egresso da Escola Politécnica, onde se distinguiu não só por sua maturidade intelectual, como também por sua oposição ao regime, aceita em 1817 tornar-se secretário de Saint-Simon[1], preferindo "trabalhar como publicista" do que

---

1. Aristocrata dedicado aos princípios da Revolução, Claude Henri de Saint-Simon (1760-1825) difundiu, através de publicações periódicas,

se lançar na "triste carreira de funcionário público". Saint-Simon nutre o projeto de uma "reorganização européia", dentro da perspectiva de um *industrialismo* que promete uma sociedade hierarquizada estimulada por um vasto ímpeto de fraternidade. São as feições da época, e o entusiasmo do jovem Comte traduz menos a adesão a um sistema de idéias determinado do que às esperanças e aspirações comuns, engenhosamente cultivadas pelo carismático senhor antifeudal. Comte associa-se imediatamente a Saint-Simon, porém, sentindo já depois de muitos anos, como ele o dirá mais tarde, "a necessidade fundamental de uma regeneração universal, a um só tempo política e filosófica", empreende um trabalho pessoal de elaboração teórica. Irritado pela impaciência de Saint-Simon, na qual percebe uma forma de sacrifício do especulativo, Comte se afasta e rompe definitivamente, em 1824, com aquele que ele qualificará mais tarde como "malabarista superficial e depravado".

No *Plano dos trabalhos científicos necessários para reorganizar a sociedade*, Comte registra uma situação de "crise" que se manifesta em todos os domínios e que traduz um "mal-estar social" profundo. A inscrição da Revolução dentro da história universal dá a essa "crise" uma dimensão mundial: ainda que se manifeste com singular acuidade na França, local de efervescência do movimento histórico, ela diz respeito de fato à Europa e, com o tempo, a toda a humanidade.

Antes de encontrar um "remédio" para isso (voltaremos a abordar a medicalização do discurso), é necessário,

---

um projeto de organização da sociedade centrado sobre o fenômeno econômico da produção, e procurou fundar um "novo cristianismo". Seus discípulos se dividiram quando um deles, Enfantin, instituiu uma comunidade-modelo em Ménilmontant. A doutrina dos *saint-simoniens* desempenha um papel histórico de primeiro plano dentro do desenvolvimento do crédito e das estradas de ferro.

diz Comte, afastar as falsas soluções, que pecam pela ignorância da "marcha geral da civilização": aquela dos "reis", que tende a um retorno ao antigo sistema e contradiz assim o movimento da história; aquela dos "povos", que marca passo, pois confere ilusoriamente um valor "orgânico" a princípios puramente "críticos". Este último erro significa que nos enganamos ao querer fundar a ordem social sobre dogmas provenientes da Reforma e das Luzes – "liberdade de consciência" e "soberania popular" –, porque se trata de princípios transitórios, destinados a destruir o antigo sistema, porém impotentes para construir o novo. Tal crítica, que já testemunha no plano político uma aversão por tudo que é "negativo", não deve ser compreendida como uma proposição contra-revolucionária, mesmo que, retrospectivamente, ela nos pareça antimoderna. Comte busca descobrir uma nova forma de organização social que não seja nem individualista nem opressiva. Comte não dá razão nem aos "revolucionários" nem aos "retrógrados" e, de imediato, combate uma ilusão que, persistindo, retarda a formação de uma verdadeira doutrina orgânica.

O diagnóstico de Comte vai até a raiz do problema: o "mal-estar social" se enraíza na "anarquia" intelectual e moral que se seguiu ao vazio deixado pelo descrédito das idéias teológicas. Uma sociedade sem rei num mundo sem Deus precisa encontrar novas referências, um sistema de opiniões coerente.

Seria um equívoco pensar que se trata de uma necessidade puramente conjetural. Comte desvenda um mecanismo social que coloca a coletividade numa posição paradoxal e instável: toda sociedade deve seu desenvolvimento a uma repartição das funções que se impõe no plano econômico e social sob a figura da *divisão do trabalho*, mas esta, justamente pelo fato de dividir (ela nos aquartela em tarefas especiais, estimula nossos interesses particulares e oferece um terreno favorável a nossas inclinações egoístas), favorece a atomização da sociedade da qual ela é em parte o fundamento e ameaça potencial a sua coesão. Daí uma regra geral: a formação e a conservação de toda sociedade passam pela "influência" de um "sistema qualquer de idéias" (CPSS, 143 e P, 53), a coesão social passa por um acordo de opiniões que deve pesar sobre os comportamentos sociais, influenciar e regular os costumes. Comte é um pensador da opinião pública, na qual soube ver uma força de pressão "ideológica" capaz de desempenhar sobre as massas um papel regulador em escala européia e mesmo mundial.

Compreende-se que Comte proponha como "remédio" fundar a reorganização da sociedade sobre um conjunto de convicções partilhadas, ou melhor, sobre uma "comunhão" intelectual e moral. Isso supõe, segundo ele, a instituição de um novo poder espiritual, distinto do poder temporal, ou seja, independente do Estado propriamente dito. Adversário de Rousseau, Comte rejeita qualquer solução do tipo político-jurídico: a reforma das instituições políticas passa para o segundo plano, ela virá depois, quando chegar a hora, da reconstrução *espiritual*, intelectual e moral. Essa necessidade é ainda mais evidente aos olhos de Comte, que vê sua época afundar de maneira perigosa em preocupações unicamente materiais e egoístas. Ele escreve a Gustave d'Eichthal no dia 24 de novembro de 1825:

> O ponto de vista material toma dia a dia uma preponderância assustadora, e prevejo que o poder espiritual terá muita dificuldade para se instalar no meio de pessoas que não concebem aquilo que pode bem lhes faltar quando vêem a nação beber, comer, morar e se vestir melhor do que nunca.

Existe, nesse sentido, prioridade do espiritual.

O poder espiritual é prioritário também no sentido de que é preciso primeiramente elaborar a doutrina, tarefa que lhe é atribuída, antes de aplicá-la. Isso resulta da anterioridade, para "toda operação humana completa", da *teoria* sobre a *prática*, da "concepção" sobre a "execução":

> Admitimos como uma verdade elementar que a exploração de um empreendimento qualquer, a construção de uma estrada, de uma ponte, a navegação de uma embarcação, etc., deve ser conduzida por meio de conhecimentos teóricos preliminares, e espera-se que a reorganização da sociedade seja um assunto de pura prática a ser confiada a acomodados. (P, 66)

Nas *Considerações sobre o poder espiritual*, Comte remete a distinção do temporal e do espiritual a duas categorias do poder: governo *material* de um lado, *moral* de outro. A idéia de *governo* está associada à de *sociedade*: toda associação estando ameaçada de esmigalhamento, pelas razões já citadas, cabe a uma instância conter as divergências e apoiar a colaboração das partes em direção ao todo: essa instância é o *governo* entendido dentro da unidade de seu conceito.

> Toda associação real supõe necessariamente uma influência constante, ora diretora, ora repressiva, exercida, dentro de certos limites, pelo conjunto sobre as partes, para fazê-las concorrer à ordem geral [...]. (CPS, 192)

Dessa forma, Comte se opõe aos teoremas liberais da economia política inglesa, segundo os quais bastaria, para preservar a sociedade, deixar os indivíduos dedicarem-se a seus interesses e ao livre jogo de suas relações particulares. Parece, retrospectivamente, que Comte abre espaço para uma forma de *socialismo* que não pressupõe o papel privilegiado do Estado, mas propõe um modo de *regulação* que a organização social não é capaz de satisfazer por si mesma...

Mas é preciso distinguir, dentro da realidade sociopolítica, duas categorias de governo: o temporal, que cuida da gestão político-econômica do Estado por meio da *força* ou das *riquezas,* e o espiritual, encarregado de regular a opinião, as inclinações, as vontades. O espiritual tem um papel *educativo*, desde que se entenda essa missão pedagógica no sentido de uma formação ideológica contínua. A educação designa de fato, para Comte, "todo o sistema de idéias e de hábitos necessário para preparar os indivíduos à ordem social dentro da qual eles devem viver, e para adaptar, tanto quanto possível, cada um deles ao destino particular que deverá cumprir" (CPS, 193). Existem, conseqüentemente, duas práticas de governo heterogêneas, cada uma ajustada a seu objeto: o *comando* pelo governo político, o *conselho* ou a *persuasão* pelo poder moral.

A instituição de um novo poder espiritual impõe a separação dos dois poderes. Se a variedade das populações implica um desmembramento político, a unificação do "gênero humano em sua totalidade" sob um governo espiritual independente dos Estados é, por sua vez, concebível. Para demonstrar a vantagem dessa solução, Comte evoca as conseqüências da ausência de "disciplina moral" num tempo em que o temporal absorve o espiritual numa fusão desastrosa. Tudo está ligado: "divagação" das inteligências, derrota da moral pública, ascensão potencial do egoísmo e do interesse pessoal, triunfo da "utilidade imediata" e do ponto de vista "material", reino do "ministerialismo" ou "despotismo administrativo", "corrupção sistemática" (CPS, 184-9). Provocando um efeito de contraste, Comte realça, a partir de um exemplo roubado de Joseph de Maistre[2], o caráter construtivo e de unificação do antigo poder do papa. Prova implícita, mas ainda assim sugestiva, a nosso ver, de que Comte já tem em vista um objetivo como a refundação de uma forma de potência ideológica universal que equivaleria, no plano da organização (e não do conteúdo), ao catolicismo da Idade Média: voltaremos a esse tópico.

A ciência política

A reorganização da sociedade, "grande operação", urgente e inédita, deve portanto começar pela elaboração teórica do "espírito da nova ordem social". A nova doutrina supõe a elaboração de uma "ciência política" elevada à categoria de "ciência de observação". Duas idéias matrizes da filosofia de Comte esclarecem o *status* dessa nova ciência que ele chama inicialmente de *física social* e para a qual inventa em seguida a palavra *sociologia*.

a) A lei dos três estados

No *Plano*, Comte aborda a "física social" através de uma "importante generalização" a que logo chamará de "lei dos três estados". A natureza do espírito humano é tal que cada ramo de nossos conhecimentos passa sucessivamente, ao longo de sua evolução, por três estados teóricos diferentes: *teológico* ou fictício, *metafísico* ou abstrato, *científico* ou positivo. No primeiro estado, idéias sobrenaturais ligam entre si as raras observações das quais a ciência é composta. O segundo é unicamente destinado a servir de transição. Os fatos são associados

---

2. Adversário obstinado da Revolução, Joseph de Maistre (1753-1821) é o autor de *As noites de São Petersburgo*. Comte se refere com freqüência a *Du Pape*.

segundo as idéias que já não são totalmente sobrenaturais e que não são ainda inteiramente naturais, as "abstrações personificadas". O último estado é o modo definitivo de toda ciência. Os fatos são associados segundo leis reais e verdadeiras, espécie de "fatos gerais". Isso permite precisar o objeto da física social. Comte apresenta nesse ponto uma análise histórica das "concepções" ou dos "conhecimentos" humanos. Mas ele abandona a abordagem clássica que considera o sujeito do conhecimento como uma consciência individual. A lei dos três estados se refere a um sujeito geral que Comte chama de "espírito humano". A marcha do espírito humano pertence à evolução da civilização. De fato, os trabalhos se "encadeiam" dentro das ciências "seja na mesma geração ou de uma geração a outra" (P, 92), quer dizer que só é possível apreender o progresso dos conhecimentos relacionando-o ao desenvolvimento global da sociedade. É portanto necessário ver na lei dos três estados uma grande lei sócio-histórica, "a lei fundamental que rege a marcha natural da civilização" (P, 93). A física social, que estuda esses desenvolvimentos conexos, pode então ser qualificada ao mesmo tempo como uma *antropologia histórica do Ocidente moderno* e uma *antropologia cultural da ciência*.[3]

O projeto comtiano, então, se precisa. A crise que Comte quer remediar pertence historicamente à transição que ele chama *metafísica*, e aquilo que a renovação espiritual deve oferecer é o sistema de concepções *positivas*

---

3. Cf. Juliette Grange, *La Philosophie d'Auguste Comte: science, politique, religion*, Paris, PUF, 1996, p. 423 e 425. A propósito da lei dos três estados, cf. P, 251: "A antropologia religiosa, a história da filosofia, a antropologia social das ciências, todas as disciplinas são aqui convocadas, pois está incluída na sua definição uma reflexão sobre o papel das culturas eruditas, sobre a passagem para a modernidade, sobre as conseqüências sociais do conhecimento científico".

características da última fase da civilização. Não existe coerência social possível sem um consenso intelectual, mas está fora de questão inventar com todas suas peças um novo sistema de pensamento, que não passaria de uma doutrina em meio a outras. Trata-se na verdade de coordenar as concepções *científicas* que progressivamente substituíram, de fato, as representações teológico-metafísicas.

Comte não tem a intenção de modificar o curso da história, mas acelerar a passagem ao estado positivo. Segundo ele, o impasse dos políticos se deve a uma estratégia anacrônica que consiste em prolongar cegamente doutrinas e instituições que não se encontram mais em harmonia com o estado presente da civilização. "Qualquer ação política é seguida de um efeito real e durável, quando ela é exercida no mesmo sentido da força da civilização, quando ela se propõe a efetuar as mudanças que esta força impõe atualmente" (P, 95). O objetivo da ciência política é portanto "determinar, pela observação do passado, o sistema social que a marcha da civilização tende a produzir hoje" (P, 111).

Essa "lei necessária" (não menos necessária que a lei da gravidade) fornece um caso exemplar de lei científica no campo da física social. Graças a essa descoberta, Comte surge como fundador dessa nova ciência. Mas essa fundação genial (assim apresentada) nada deve ao acaso. Ela é a conclusão da evolução histórica em toda sua completude: é a civilização que, criando progressivamente, ao longo de seu desenvolvimento, as condições adequadas à apreensão de seu movimento, preparou a fundação da ciência da qual ela é o objeto. Entendemos que a física social tem por *objeto* suas próprias condições de emergência.

Daí resultam duas questões sobre o presente: a que época de sua formação o conhecimento positivo foi alcançado? O que resta fazer para concluí-lo?

b) A classificação das ciências

Comte responde a isso em *Considerações filosóficas sobre as ciências e os cientistas*, com uma "classificação das ciências" que descreve a ordem na qual a positividade (a representação dos fenômenos como submetidos às leis) percorre as diferentes ramificações do saber.

Uma vez colocadas de lado as matemáticas, cinco ciências constituem o quadro lógico e cronológico do saber: a astronomia, a física, a química, a fisiologia e, finalmente, a física social. Essa escala significa que as ciências se tornaram sucessivamente positivas na ordem do grau de complexidade dos fenômenos dos quais elas tratam e, conjuntamente, segundo "sua independência", "seu grau de especialidade" (do mais geral ao mais especial), "sua relação mais ou menos direta com o homem".

As ciências que tratam dos fenômenos mais simples se tornaram positivas antes das outras, o que Comte explica da seguinte maneira: o estudo dos fenômenos mais simples é independente do estudo dos fenômenos imediatamente mais complexos, ao passo que as ciências superiores precisam conhecer as leis das disciplinas inferiores, pois estas intervêm parcialmente na explicação dos fenômenos que estudam. Por exemplo, podemos abordar os climas independentemente dos fatos sociais, ao passo que o estudo dos fatos sociais supõe o conhecimento da influência climática. Da mesma forma, como afirma Blainville[4], se o corpo vivo "não é uma máquina", ele não é, como matéria, menos submetido às leis gerais de todos os corpos (leis físico-químicas). Disso deduzimos que a generalidade dos *fenômenos* estudados é inversamente proporcional à generalidade do *conhecimento*, ou seja, à medida

---

4. Sucessor de Cuvier na Faculté des Sciences, Henry Ducrotay de Blainville (1777-1850) foi o iniciador e o mestre de Comte em biologia.

que a generalidade do objeto decresce e sua complexidade aumenta, a especialização do cientista diminui. A física social, que estuda os fenômenos mais complexos, aqueles que dizem respeito com maior proximidade ao ser humano, é portanto a mais geral de·todas as ciências, o que significa que ela supõe o domínio de todas as outras, enquanto a ciência matemática exige apenas um conhecimento limitado a seu domínio particular.

A ordem lógica e a ordem cronológica são, pois, solidárias. Mas não é só isso: essa classificação supõe, ela mesma, uma visão científica do avanço do espírito humano e portanto é unicamente possível quando a física social é elaborada. Sendo a produção dos conhecimentos inteiramente relativa à evolução global da civilização, somente a física social está em condição de retomar a totalidade dos saberes sob a forma de uma enciclopédia. Ciência recapitulativa por excelência, ela estrutura o edifício do qual é o coroamento ao tornar possível a sistematização do conjunto dos saberes.

O que é a filosofia positiva?

A reorganização da sociedade tendo como base um consenso intelectual supõe um empreendimento que Comte concebe como *filosófico*: a sistematização das "concepções positivas". Um tal sistema deve ser unificado e homogêneo, o que pressupõe duas tarefas: de uma parte, a coordenação dos conhecimentos científicos, de outra, a fundação *positiva*, ou *científica*, da física social. Essas duas tarefas são complementares. Sem a fundação positiva da física social, o sistema de conhecimentos positivos não será nada *homogêneo*, posto que uma das seis ciências ficaria detida no estado teológico-metafísico, e a física social requer um domínio geral dos *métodos* positivos. Ela supõe igualmente o conhecimento das *leis* infra-sociais, aquelas que são suscetíveis de intervir parcialmente na explicação dos fatos sociais. Além disso, somente essa ciência pode dar uma coerência geral ao estabelecimento de uma relação entre os saberes.

As "concepções humanas" designam, no entender de Comte, a leitura do real comprometida em qualquer tentativa de apreensão teórica e prática dos *fenômenos* que atingem nosso espírito. Por exemplo, *ver* os corpos como seres vivos define uma concepção fetichista. Alcançamos uma concepção positiva quando nós nos representamos os fenômenos como submetidos a leis invariáveis. A "filosofia positiva" é o sistema das concepções positivas concluído, incluindo a fundação da sociologia.

A construção epistemológica de Comte se refere portanto a seu projeto sociopolítico. É possível que isso seja esquecido por vezes, ao preço de um contra-senso, e no entanto Comte o indica de modo claro:

> Este amplo empreendimento, que o presente século verá sem dúvida concluído, deve ser considerado como o último ato e o objetivo final da grande revolução iniciada por Bacon[5], por Descartes e por Galileu.[6] Ele é indispensável como única base espiritual possível do novo estado social no sentido do qual a espécie humana tende de modo tão intenso hoje em dia; porque somente com sua

---

5. Trata-se de Francis Bacon (1561-1626), o autor do *Novum Organum*, filósofo inglês muito apreciado no século XIX por ter, ao menos em teoria, substituído as hipóteses especulativas por um método indutivo e experimental considerado em conformidade ao espírito da ciência moderna.
6. Galileu Galilei (1564-1642) foi o principal protagonista da revolução intelectual que inaugurou a era da ciência moderna. Ele perturbou os quadros da ciência medieval defendendo, contra o dogma da Igreja, a teoria do heliocentrismo, elaborando finalmente uma prática experimental (medida do tempo que bolas levaram para rolar sobre planos inclinados), e, talvez o mais importante, elaborando uma ciência *matematizada* do movimento oposta à física *qualitativa* de Aristóteles.

força de conjunto uma doutrina qualquer pode conseguir dirigir a sociedade. (CPSS, 158)

Essa tarefa, o próprio Comte tenta realizá-la inaugurando um curso em 2 de abril de 1826. Após uma crise de demência (suas "tormentas cerebrais"), é internado na casa de saúde do dr. Esquirol. Retoma seu curso em janeiro de 1829, diante de um auditório que inclui acadêmicos (Fourier, Blainville, Poinsot, Navier), prova de que Comte, nessa data, sai de seu isolamento. Mas ele quer atingir um público mais amplo. Em dezembro de 1829, expõe suas teorias no Ateneu. Depois, de 1830 a 1842, publica, apesar das intrigas de seu editor, o *Curso de filosofia positiva*, do qual apresentamos aqui, em resumo, os elementos.

O elemento sociopolítico é confirmado na primeira lição do *Curso*: a aptidão da filosofia positiva para servir de "base sólida" para a "reorganização da sociedade" deve "proporcionar-lhe, mais do que a qualquer outra, a atenção geral". A prioridade recai sobre a formação de um "sentimento unânime", a "reunião dos espíritos dentro de uma mesma comunhão de princípios". Trata-se de realizar essa "revolução geral do espírito humano" que se encontra "quase inteiramente concluída", já que basta completar a filosofia positiva com a física social e resumi-la "num corpo único de doutrina homogênea". Então, "a crise revolucionária que atormenta os povos civilizados será essencialmente terminada" (C, 1. 1, I, 39).

A filosofia positiva deve também "presidir a reforma geral de nosso sistema de educação" (C, 1. 1, I, 35). Comte reage à dispersão de um ensino científico preso à armadilha da separação das disciplinas, do espírito do detalhe e do isolamento das pesquisas. Ele denuncia os "perniciosos efeitos da especialidade exagerada" e destaca a necessidade de cultivar as concepções positivas em seu *conjunto*. Propõe, conseqüentemente, uma educação geral que deve se dirigir também "às massas populares" e que deve constituir "o espírito geral de nossos descendentes" (C, 1. 1, I, 36). Se sua filosofia é uma filosofia da educação, ela deve também ser compreendida como uma filosofia de pedagogo, e assim, até em seu estilo oral, formulário e em seus gêneros de escrita (cursos, tratados, discursos, catecismos).

Comte se esforça para desenvolver "o espírito da filosofia positiva", obedecendo a uma perspectiva generalista que ultrapassa e domina o detalhe das aquisições científicas. Ele distingue dois modos de apresentação: a ordem *histórica,* que segue passo a passo a evolução de cada ciência, e a ordem *dogmática,* que retoma os resultados científicos dentro de um sistema geral (que não é fechado, como pode dar a entender a palavra *dogmática,* compreendida ao avesso). A sistematização das concepções positivas leva Comte a privilegiar em seu *Curso,* inicialmente, a exposição dogmática, e a desenvolver a exposição histórica dentro da parte sociológica, recapitulativa. Contudo, a perspectiva histórica está sempre presente: "não se conhece completamente uma ciência", pensa Comte, "enquanto não se conhece sua história" (C, 1. 2, I, 53).

Daí surge um ponto de vista filosófico novo e fecundo sobre as ciências. As abordagens clássicas da ciência visavam conseguir uma forma imutável de inteligibilidade (idéias, em Platão, verdades primordiais, em Descartes, condições de todo conhecimento possível, em Kant). A perspectiva histórica de Comte implica, por sua vez, uma redefinição do valor da ciência e a compreensão inaugural da relatividade de seus conceitos. Comte promove uma nova abordagem de nossa capacidade de conhecer que rompe abertamente não apenas com a *lógica* clássica (encerrar o conhecimento dentro de categorias intemporais) e com a *psicologia* de seu tempo (apreender o pensamento no eu empírico ou na consciência de si[7]), mas também, implicitamente, com o criticismo: diferente de Kant, na verdade, Comte coloca uma questão de *fato* e não de *direito*: ele só considera o poder de conhecer através das produções efetivas do espírito humano em exercício.

A *"universal preponderância da moral"*

O jovem secretário e colaborador de Saint-Simon viu de perto o mundo dos banqueiros e dos negociantes. Comte está convencido de que o poder político deve caber aos industriais. Em compensação, no que tange às "forças sociais" às quais se deve confiar o poder espiritual, o pensamento de Comte evoluiu.

De modo geral, a repartição das prerrogativas se baseia no princípio segundo o qual as classes historicamente dominantes no seio de um novo sistema possuem em geral todas as disposições propícias à sua realização. Ora, no plano temporal, a produção substituiu de modo definitivo a conquista[8], toda a sociedade tende a se organizar sobre a base da atividade industrial; e, no plano espiritual, as idéias científicas destronaram o prestígio das idéias teológicas.

---

7. Comte desconsidera assim a introspecção: "Observa-se os fenômenos com o espírito; mas com que é observado o próprio espírito, suas operações, seu funcionamento? Não se pode dividir o espírito, quer dizer, seu cérebro, em duas partes, das quais uma age enquanto a outra a observa fazer [...]" (Carta para Valat, 24 de setembro de 1819).
8. Comte herda uma idéia que circulava entre as teorias do século XIX: existem dois meios de satisfazer nossas necessidades materiais, a conquista e o trabalho, e a história aponta no sentido de uma substituição de uma pelo outro. Cf., por exemplo, Benjamin Constant: "O único objetivo das nações modernas é o repouso, com o repouso a facilidade, e, como fonte de facilidade, a indústria. A guerra é, a cada dia, um meio mais ineficaz de alcançar este objetivo" (*Do espírito de conquista e da usurpação e suas relações com a civilização européia*, 1814).

Em seu *Plano*, Comte coloca em evidência a *força* que representa o corpo dos cientistas, conceitualizando assim o que poderemos chamar, como Bachelard[9], a *cidade científica*. A competência dos cientistas na formação da nova doutrina social provém não de sua especialidade, mas de sua cultura científica no sentido amplo, de seu domínio do "espírito" das ciências e, sobretudo, de um privilégio social exorbitante: eles já exercem sobre as massas uma "influência espiritual", se beneficiam de uma autoridade teórica inconteste. Além disso, a classe dos cientistas está na mesma escala do projeto: é preciso responder a uma "crise européia" com um "tratamento europeu", portanto mobilizar uma "força européia" (P, 74).

Pouco a pouco, Comte descobre a inaptidão dos cientistas para desempenhar esse papel. A partir da primeira aula do *Curso*, ele se inquieta com o divórcio das ciências e da filosofia, critica a dispersão dos saberes, a "demasiadamente grande especialização das pesquisas individuais", "a excessiva particularidade das idéias". Na seqüência de seu *Curso*, ele denuncia o corporativismo, o carreirismo, o charlatanismo de certos cientistas, as "torpezas", as "maquinações" daqueles a quem chama de "pedantocratas", novos inquisidores, apenas um pouco menos poderosos do que os de antigamente. Enfim, Comte ataca as instituições. Em 1844, perde toda a confiança na capacidade reformadora do mundo científico.

Suas críticas estão em parte ligadas à sua experiência, a de seus impasses profissionais. Guizon não responde,

---

9. Partindo da idéia segundo a qual as concepções científicas são elaboradas superando os *obstáculos* que provêm do próprio conhecimento, Gaston Bachelard (1884-1962) propôs uma "psicanálise" do conhecimento, dividindo as imagens e os conceitos, assim como um estudo "fenomenológico" do imaginário poético. Pensamos que, segundo ele, a auto-retificação da qual procedem os avanços científicos confere à ciência um valor potencialmente pedagógico, e mesmo "político".

em 1832, à sugestão de criar uma cadeira de História das Ciências no Collège de France. Explicador de Análise, Comte prossegue em vão com seus esforços no sentido de obter uma cátedra na Escola Politécnica, que considera merecer. Ele se torna examinador de admissão em 1837, mas perde seu cargo em 1844, principalmente por causa de sua desavença com o influentíssimo Arago.[10] Para solucionar suas dificuldades materiais, recorre a seus discípulos estrangeiros.

Nesse período, ele se volta para uma nova força social, os proletários, convencidos de que a situação desses os protege da crise intelectual. Reencontramos o pedagogo: de 1831 a 1848, ele dá gratuitamente, todos os domingos, um curso de astronomia popular na prefeitura da terceira região administrativa de Paris. Atraído há muito tempo pelo ensino popular, inicia no conhecimento da ordem exterior um público formado por operários parisienses e faz adeptos, entre os quais é necessário citar o operário marceneiro Fabien Magnin, que Comte nomeará seu sucessor na presidência da Sociedade Positivista. Comte redige seu curso de astronomia e publica, no começo separadamente, em março de 1844, um "discurso preliminar", o *Discurso sobre o espírito positivo*.

O *Curso* deu uma coerência geral ao estabelecimento das relações entre os saberes. Uma vez concluído, o sistema de concepções positivas pode servir de base ao consenso intelectual. Mas a comunhão intelectual e moral não é igualmente garantida. O egoísmo dos cientistas – e também o dos industriais[11] – confirma a Comte que essa

---

10. Annie Petit emprega a feliz expressão de "carreirismo às avessas", cf. "La Diffusion des savoirs comme devoir positiviste", *Romantisme*, nº 65, 1989, p. 7-25.
11. Na carta para Maximilien Marie de 4 de julho de 1841, Comte estigmatiza um tempo em que "existe tão pouca gente, entre as pessoas ativas,

comunhão só pode se apoiar sobre a "universal preponderância da moral" (C, 1. 58, II, 715, e EP, § 54). A recorrência de um discurso programático baseado na necessária sistematização da moral nas últimas aulas do *Curso* e no *Discurso sobre o espírito positivo* vem acompanhada de uma redefinição da composição do poder espiritual no sentido de uma aliança espontânea entre "um grande pensamento" e "uma grande força", isto é, entre a filosofia positiva e a "classe popular". O recurso aos proletários recebe várias justificações, a principal sendo que esses, por sua falta de instrução, escaparam da influência deletéria do espírito metafísico e se encontram mais dispostos para acolher a nova filosofia. O "bom senso" popular pode constituir um instrumento regulador dentro da organização dos saberes, uma espécie de "vasto tribunal espontâneo" (EP, § 59). Comte passa a falar agora com freqüência da "escola positiva" para designar ao mesmo tempo uma nova influência educativa e espiritual, e um movimento filosófico que ele apresenta como a única maneira de concluir a revolução.

A *virada religiosa do positivismo*

A ultrapassagem da filosofia pela religião a partir de 1845-48 não significa uma negação. Comte engloba a filosofia dentro da religião apresentando-a como o preâmbulo a esta última. Não se trata tampouco de um questionamento do filosófico, já que a religião positiva conserva as qualidades tradicionalmente reconhecidas ao ato de filosofar (meditação sobre a relação do homem com o mundo, articulação da ciência a um ideal de sabedoria, determinação de critérios de verdade, totalização

---

cujo principal objetivo não seja o de explorar o próximo em benefício próprio, sob todas as formas e todos os graus possíveis".

enciclopédica, etc.). Como então entender essa ultrapassagem do filosófico, essa virada? Propomos, em primeiro lugar, uma interpretação que se apóia na lógica interna do pensamento comtiano, e apresentamos duas hipóteses sobre essa questão intensamente debatida:

a) A "filosofia positiva" do *Curso* respondia à prioridade definida nos "opúsculos": sistematizar as concepções positivas. O objetivo sociopolítico, nunca perdido de vista, foi, todavia, deixado à espera. Uma vez concluído o *Curso*, Comte passa à "política positiva" e redige na década de 1850 o *Sistema de política positiva* que, a princípio, realiza sua ambição de juventude.[12] Simplesmente, o sentido original atribuído à "filosofia positiva", solidário de um *conteúdo* de sistematização essencialmente intelectual, não convém mais aqui. A passagem à "política", novo conteúdo, supõe assim uma redefinição da *forma* de sistematização num sentido adaptado a seu objetivo e ao ajuste dos métodos e teorias coerentes com esse sistema. Poder-se-ia, contudo, argumentar que a saída da "filosofia positiva" deixa em princípio o caminho aberto para práticas de pensamento que ainda diriam respeito, com pleno direito, ao filosófico. E Comte, é verdade, vai muito mais longe: a religião positiva é uma forma de catolicismo transposto, dotado de um novo conteúdo, acompanhado de ritos, sacramentos, festas, decoro, etc. E, no plano do discurso, o tom se torna quase profético, encantatório.

b) Daí nossa segunda hipótese. Vimos as *Considerações sobre o poder espiritual* visar tendenciosamente,

---

12. Comte afirma a continuidade de suas "duas carreiras" e apresenta a "construção religiosa" como seqüência da "preparação científica". Littré, por sua vez, diverge disso, assustado pelo que estima ser uma deriva "patológica". O movimento positivista logo se divide em duas escolas rivais, que vão desempenhar sob a Terceira República um papel político importante. As versões que esses sucessores propõem do positivismo fazem dessa doutrina um dos componentes da ideologia republicana no período 1870-80.

pelo viés da referência a De Maistre, à refundação de uma forma de potência ideológica universal que equivaleria estruturalmente ao catolicismo da Idade Média. Comte rejeita a doutrina de De Maistre, que considera "retrógrada", e só retém fundamentalmente a parte histórica, a "apreciação geral da Idade Média". Mas o resumo dessa seqüência histórica lhe inspira um esquema geral de reorganização social. De maneira significativa, o próprio Comte diz em seu *Curso* (portanto, antes da construção religiosa) ter descoberto "condições de ordem eminentemente aplicáveis ao estado social atual, ainda que concebidas por um outro estado" (C, 1. 46, II, 67 nota). De fato, os princípios da construção da nova ordem social, tais como são expostos nos "opúsculos", já correspondem visivelmente aos traços principais da catolicidade medieval, como Comte a representa: doutrina orgânica, separação do espiritual e do temporal, comunhão espiritual européia, educação universal, etc. Digamos então, para evitar a ilusão de uma leitura retrospectiva, que tudo se passa como se, desde as *Considerações sobre o poder espiritual*, Comte ambicionasse tornar-se um dia o papa laico do Ocidente moderno...

Em segundo lugar, é necessário voltar às circunstâncias biográficas e históricas que contaram para essa virada religiosa.

a) Um acontecimento perturbou a vida de Comte em 1845 (o "ano sem igual"): sua paixão por Clotilde de Vaux. Essa relação sentimental muito intensa, mantida platônica, evolui após a morte de Clotilde, tornando-se uma adoração pia e fetichista. A sistematização religiosa é então dedicada à "santa patrona", que, eternizada em sua juventude ideal, fornece o modelo do elemento *subjetivo* (revelaremos mais tarde o sentido dessa palavra). No *Discurso sobre o conjunto do positivismo*, que proclama o "culto à humanidade", Comte confessa sua dívida filosófica com Clotilde: "Para tornar-me um verdadeiro filósofo, faltava-me sobretudo uma paixão, a um só tempo profunda e pura, que me fizesse apreciar o lado afetivo da humanidade" (Ens, 248). Mesmo que a idéia não seja nova, a mulher está agora expressamente associada ao poder espiritual, do qual ela se torna a "auxiliar doméstica".

b) Em seguida, a revolução de 1848 despertou em Comte a esperança de ver sua "política" se concretizar. Ele cria a "Associação Livre para a Instrução Positiva do Povo em Todo o Ocidente Europeu", depois, a "Sociedade Positivista", espécie de clube orgânico análogo ao clube crítico dos jacobinos. A continuidade do laço sociopolítico aparece no fato de Comte associar as condições de emergência da religião da Humanidade ao contexto global provocado pela Revolução Francesa:

> Mas a concepção da Humanidade só poderá constituir uma nova unidade fundamental após o abalo decisivo que, de uma parte, manifestou a urgência de uma regeneração universal, e, de outra, suscitou a filosofia capaz de a sistematizar. (Ens, 369)

Assim, a religião positiva se torna a conclusão de toda a história.

> Nossa existência estando principalmente caracterizada pela unidade, nosso progresso deve em essência desenvolver a harmonia humana. Assim, toda a história da Humanidade se condensa necessariamente no fato de o homem se tornar cada vez mais religioso. (Cat, 264).

Isso já nos informa o que é a religião positiva: uma nova forma de crença adaptada à unificação da sociedade mundial.

O *que é a religião positiva?*

Qual é o interesse dessa religião e quais são seus principais atributos? O que há de aparentemente louco nessa construção insólita ofusca uma problemática sociopolítica, que não está tão caduca quanto se poderia acreditar. Tentamos demonstrá-la ressaltando três temas que atravessam a obra de Comte, mas que só se tornam perceptíveis dentro do positivismo religioso.

a) A promoção do afetivo

Comte sustenta a possibilidade de "tudo agora se concentrar em torno de um princípio único": "a preponderância do coração sobre o espírito". A valorização do *afetivo* que prolonga, num sentido, a consideração crescente da moral evocada a seu nível mais elevado, se apóia numa teoria da "natureza humana". Essa teoria, Comte a registra em seu "Quadro cerebral", elaborado entre 1846 e 1850. Inspirando-se na doutrina frenológica de Gall[13], que remodela de modo original, Comte estabelece que a economia geral de nossa natureza se resume a três funções – o coração, o espírito, o caráter – que se articulam assim: o coração nos impele, o espírito nos esclarece e o caráter nos conduz. O sentimento desempenha um papel "motriz": a atividade abandonada a si mesma se

---

13. Médico, anatomista e fisiologista alemão, Franz Joseph Gall (1758-1828) defende a tese segundo a qual as funções intelectuais dependem da organização do cérebro, concepção criticada por Hegel, que a resume numa forma lapidar: "O espírito é um osso". A *frenologia*, estudo das funções cerebrais e de suas localizações – literalmente, a "ciência do *espírito*" (*phrên*, em grego) –, contribuiu para encaminhar na direção da ciência o problema da relação da alma e do corpo, antes governado pela metafísica. Essa disciplina marca uma etapa dentro da "laicização" do espírito. Ela pode ser considerada, retrospectivamente, como a "pré-história" da neurologia atual.

resumiria em pura gesticulação; quanto à aparente hegemonia da inteligência, ela se explica de fato pela importância, para a espécie humana, da "transmissão social" que utiliza as instâncias intelectuais. Na realidade, "o exercício intelectual não conduziria senão a vagas e incoerentes contemplações, que ficariam logo cansativas, se não fosse habitualmente subordinado a um destino afetivo" (SPP, I, 687). A inteligência e a atividade nos põem em relação com o exterior para conhecê-lo (a ciência) e modificá-lo (a indústria), mas o centro organizador é afetivo. "O espírito não se destina a reinar, mas a servir" (Ens, 57). Seu papel é revelar a ordem do mundo, "a base objetiva". O sentimento, "centro essencial da existência moral, que, sem ele, não comportaria nenhuma unidade" (SPP, I, 685), é o princípio do *consenso* ("agir por afeição e pensar para agir") e da *continuidade* de nossa existência ("cansamos de pensar e mesmo de agir; mas nunca cansamos de amar").

b) A promoção da unidade humana

Compreende-se, com o que acaba de ser dito, que o positivismo religioso se oferece como a pesquisa sistemática de uma unidade, de um centro, de uma ligação, que a ciência não pode, manifestamente, fornecer. O positivismo visa, diz Comte, a "reunir um centro único" que articularia dentro de um sistema global o sentimento, a razão e a atividade. Ora, precisamente, a religião desempenha, por definição e por vocação, esse papel unificador. E isso de maneira dupla: ela "regula" cada natureza individual e "congrega" todas as individualidades. A religião positiva, como ligação (Comte interpreta assim a *religio*), é fonte de harmonia individual e coletiva simultaneamente.

Num sentido *coletivo*, a unidade remete à Humanidade. O positivismo dirige nossos conhecimentos, nossos afetos, nossos esforços, para a Humanidade, o "Grande Ser", o novo "Ser Supremo". A religião positiva não é uma religião da ciência, ela é a "religião da Humanidade". Ela não é, tampouco, o *novo cristianismo* com o qual sonhava Saint-Simon. Antes, trata-se de uma religião *secularizada*, onde a supremacia da Humanidade substitui o reino de Deus. Os deístas atacam a religião em nome de Deus. Comte afasta Deus em nome da religião.

Num sentido *individual*, a unidade designa nosso "consenso" interior (SPP, II, 8). A religião tem sobre nós um efeito regenerador: "Este culto contínuo da Humanidade exaltará e purificará nossos sentimentos" (Ens, 354). Daí, a função ao mesmo tempo educativa e quase terapêutica do sacerdócio:

> O sacerdócio positivo deve portanto regenerar a um só tempo todas as funções relativas a nosso próprio aperfeiçoamento, destinando a ciência a estudar a Humanidade, a poesia para cantá-la, e a moral para amá-la, a fim de que, após essa irresistível colaboração, a política se aplique sem cessar a servi-la. (Ens, 356)

c) A promoção da fé

A religião positiva não é uma religião *racional* no sentido de uma religião que faria seus artigos de fé dependerem de um postulado moral. Ela é a religião "demonstrada". Em ruptura com o teologismo, essa religião laica dissipa a ilusão da transcendência. Dedicada à Humanidade, ela celebra o real. É o sistema de verdades demonstradas que constitui o *objeto de fé* adequado à sociedade sem rei num mundo sem Deus. Para Comte, a fé sempre teve por objeto "conceber a ordem universal que domina a existência humana, para determinar nossa relação geral com ela" (Cat, 65).

Isso nos esclarece sobre a natureza da adesão do positivismo à *religião*. Não há antinomia para Comte entre religião e ciência, pois a ciência moderna, com suas demonstrações, desempenha no fundo o mesmo papel, para a Humanidade, que as crenças antigas. Se, no século XIX, existe uma alternativa, esta se encontra, no *interior* da religião, entre as religiões *reveladas* e a religião *demonstrada*. A fé não é uma noção religiosa num sentido puramente *teológico*. Considerada em sua função social, ela designa de modo geral uma relação teórica com o real destinada a orientar a prática. O que nos leva a entender a lei dos três estados é que essa relação se apresenta cunhada ao longo da história em formas diferentes, teológica, metafísica e científica.

Melhor: a fé possui, para Comte, uma significação *social* que tece um laço entre a missão educativa do poder espiritual programada nos opúsculos e a fé moderna da religião demonstrada. O pensamento comtiano da educação recusa antecipadamente a definição da escola "democrática" como espaço de auto-engendramento das idéias pelo viés da livre discussão. Na base de todo ensinamento, há uma submissão consentida, o reconhecimento de uma superioridade fundada de fato mais do que de direito.

> Pois, a qualquer grau de instrução que venha a alcançar a massa dos homens, é evidente que a maior parte das idéias gerais destinadas a se tornar habituais não poderá ser admitida por eles senão em confiança, e não segundo demonstrações. (P, 53)

Essa *confiança* se encontra no princípio de qualquer sociedade. Comte definiu a fé como a "disposição a crer espontaneamente, sem demonstração prévia, nos dogmas proclamados por uma autoridade competente", e acrescenta que está aí "a condição geral indispensável para permitir o estabelecimento e a manutenção de uma verdadeira comunhão intelectual e moral" (CPS, 205-6).

Deste ponto de vista, a fé não é um conceito religioso, ela tem valor, em toda a obra, de paradigma político. Com a idéia de uma separação entre o espiritual e o temporal, Comte inventa uma forma de poder que repousa sobre o assentimento voluntário e se quer não opressivo. A "política positiva" deve sua originalidade ao fato de não ser nem liberal (existe um princípio de ordem na base de toda sociedade) nem autoritária (se existe uma ordem, a autoridade no sentido da força torna-se amplamente inútil). Ainda que desafie nossas categorias contemporâneas, ela revela, em sua inspiração fundamental, uma problemática atual. Tal como a compreendemos, a obra de Comte busca criar a forma moderna do poder que seja capaz de erradicar a violência sem recorrer aos meios habituais da violência *legal*.

Uma socioantropologia das regulações

Com a religião positiva, Comte retoma seu projeto sociopolítico inicial, porém, repensando as condições de realização dentro de uma perspectiva cada vez mais globalizante, *socioantropológica*. Comte retorna ao filosófico por uma outra via, que passa essencialmente por uma nova forma de sistematização.

Todo *sistema* se comporta como um dispositivo circular dentro do qual a interação das partes é solidária ao todo. A esse respeito, o positivismo religioso testemunha duas transformações: alargamento do campo de sistematização e estreitamento dos mecanismos de interação.

a) A sistematização se faz cada vez mais *abrangente*. No *Curso*, Comte processou a sistematização *intelectual*. A passagem para o político, com o alvo universalizante que é o do positivismo, significa uma extensão a todos os setores da existência humana.

> Essa grande coordenação, que caracteriza o ofício social da filosofia, só seria real e durável se abraçasse o conjunto de seu triplo domínio, especulativo, afetivo e ativo. Conforme as reações naturais que unem de forma íntima essas três ordens de fenômenos, toda sistematização parcial seria necessariamente quimérica e insuficiente. (Ens, 50)

b) Ao mesmo tempo, Comte afina as engrenagens da sistematização. No *Curso*, dois critérios se aplicam ao sistema de concepções positivas: unidade (totalização) e homogeneidade. A extensão do sistema ao político exige que seja considerado o conjunto de circulações internas e de causalidades recíprocas que garantem a coesão e a conservação das *totalidades* sociopolíticas.

Sejamos mais precisos. Na origem de toda reviravolta religiosa existe essa idéia de que os componentes socio-antropológicos, binários (masculino/feminino, personalidade/sociabilidade, vida privada/vida pública, conselho/comando) ou tríplices (passado-futuro-presente, amor-inteligência-atividade, brancos-negros-amarelos, etc.) produzem o máximo de efeitos graças ao sistema de *regulação* do qual participam assim que ocupam seu lugar normal e preenchem sua função sem excesso nem desvio. A "política positiva" desenvolve a dupla problemática das *divisões-repartições* (cada elemento no lugar que lhe convém) e dos *equilíbrios* fundados sobre as desigualdades articuladas (pela mecânica das forças sociais, a boa conjunção de materiais diferenciados produz mais efeito do que a reunião de materiais idênticos). Por mais surpreendente e atrevida que seja essa abordagem, Comte retoma, dentro do contexto moderno da globalização, a problemática política da *República* de Platão.[14]

A contribuição propriamente religiosa (afetiva, unificadora e fideísta) consiste em trazer para esse dispositivo um princípio de *harmonização*. A aproximação dos opúsculos e dos textos do positivismo é a essa altura instrutiva. Comte escreveu em 1826: "A maior perfeição social imaginável consistiria evidentemente em que cada um preenchesse sempre no sistema geral a função particular que lhe fosse mais adequada" (CPS, 204). Mas, devido à nossa natureza, a inveja e a reivindicação de igualdade sairiam ganhando. É portanto necessário um "governo moral" para conter esse desejo e suscitar a subordinação ao interesse comum. Esse raciocínio é retomado em 1852: "O primeiro dever de todo órgão social consiste, sem dúvida, em desempenhar corretamente sua própria função" (Cat, 204). Mas, acrescenta Comte, cada um deve igualmente "assistir" os outros ofícios, o que significa, dentro do contexto religioso, que cada um de nós é um "funcionário" da Humanidade e que a religião tem por missão, ao nos confirmar nesse papel pela educação (a fé), desenvolver em nós um sentimento (afetivo) de pertencimento ao ser coletivo (unidade).

O princípio religioso de harmonização incide sobre os indivíduos e consiste em resolver "o grande problema humano" que se enuncia assim: "subordinar o egoísmo

---

14. Comte toma distância em relação a Platão por ver na teoria dos filósofos-reis uma calamitosa confusão do espiritual e do temporal. Mas já encontramos em Platão a dupla problemática política das divisões-repartições e dos equilíbrios fundados sobre as desigualdades articuladas, como o atesta várias vezes a analogia da organização política com a fabricação do tecido que exige fios sólidos para o laço e, para a trama, fios menos resistentes, possuindo "uma flexibilidade apropriada" (Cf. *As leis*, V 734 e 735a, e *O político*, 308d-309c).

ao altruísmo", ou então "a personalidade" à "sociabilidade". Segundo sua divisa, a religião positiva nos dispõe a "viver pelo outro".[15] Comte inventa a palavra "altruísmo" para designar, em relação com seu "Quadro cerebral", aquela que ele considera como a mais importante descoberta da ciência moderna (Cat, 229): existem predisposições inatas de altruísmo. Mas as predisposições altruístas sendo mais fracas do que as predisposições egoístas, especialmente em função da necessidade material que nos obriga a trabalhar para nossa própria conservação, é preciso alcançar a "inversão radical da economia individual" desenvolvendo o instinto mais fraco e comprimindo o mais enérgico (SPP, I, 692). A religião visa "tornar artificialmente altruísta a reação naturalmente egoísta de nossa atividade contínua" (SPP, IV, 88).

Segundo nossa interpretação, a religião comtiana traz assim um *princípio de harmonização geral* a um *sistema de regulações e de equilíbrios múltiplos de uso sociopolítico*. Isso vem acompanhado, em Comte, de uma reestruturação de seu sistema em pelo menos duas maneiras:

a) Comte introduz um novo método, o "método subjetivo", que tende progressivamente a modificar os resultados científicos do *Curso*. Ele acrescenta à escala enciclopédica uma sétima ciência, a "moral", que tira da sociologia a presidência enciclopédica. Trata-se de uma novidade capital, consecutiva à descoberta do altruísmo. A filosofia comtiana torna-se cada vez mais atenta ao indivíduo, a moral sendo de fato "uma ciência do homem individual" (Cat, 94).

---

15. Comte escreveu a Alix, sua irmã, em 12 de maio de 1849: "É então preciso que eu lhe diga outra vez o quanto prefiro infinitamente uma pessoa animada de bons sentimentos e que se distingue pelas boas ações (mesmo quando não sabe ler) ao mais sábio dos egoístas que possa oferecer o conjunto das academias da Europa".

b) Comte realiza outros alinhamentos que se imprimem até na exposição do sistema, por exemplo, jogando com a combinação de esquemas binários e ternários, em que a polarização se exerce a partir de um elemento descentralizado (o coração é central, mas o elemento feminino-afetivo é o "auxiliar" do poder espiritual, o culto é central, mas é homogêneo ao regime, quer dizer, às regras de vida prescritas dentro da religião, e difere do dogma, etc.). Essa distribuição das categorias está talvez associada à idéia de um produto conjugado da ordem pelo progresso, tal como é postulada na última parte da obra: "Uma progressão só é realmente normal quando se reduz a três termos; uma combinação não pode jamais admitir mais de dois elementos, toda relação sendo binária; uma síntese se torna ilusória quando ela não procede de um único princípio" (Synth, 108).

Tentaremos destacar nessa socioantropologia das regulações um conceito que, apesar de sua discrição, desempenha aqui um papel fundamental: o do *encanto*, conceito-chave de uma teoria de auto-regulação estimulada. Para Charles Fourier, que agradece a Deus por ter criado, observemos as semelhanças, um "código *regulador*" das sociedades e das paixões, o "encanto" designa a forma de atração que preside a organização lúdica do trabalho no seio do falanstério, em oposição à coação exercida por uma indústria em desordem sobre indivíduos desunidos.[16] Comte, que se distancia dessa "utopia" propondo uma reorganização social fundada sobre o

---

16. Charles Fourier (1772-1837) imaginava uma organização coletiva em "falanstérios", onde o trabalho seria baseado, não na exploração, mas sobre as potências criadoras, passionais e atrativas da natureza humana. Sua "utopia" inspirou a experiência do "familistério" de Guise, que, fundado por Godin (1817-88), funcionou até a década de 1960. No movimento de maio de 1968, ela surgiu como uma alternativa ao capitalismo e ao marxismo.

desenvolvimento efetivo da civilização, utiliza essa noção numa direção distinta, que se refere em definitivo a uma relação do indivíduo consigo mesmo mediatizada pela sociedade.

> Nossa imperfeita natureza terá sempre [...] necessidade de um verdadeiro esforço para subordinar à sociabilidade essa personalidade, que excita continuamente nossas condições de existência. Mas, quando o triunfo é enfim obtido, ele tende espontaneamente, além do poder do hábito, a se consolidar e se desenvolver segundo o encanto incomparável inerente às emoções e aos atos simpáticos. (Cat, 225)

O *encanto* próprio de certas disposições funciona como um relé e um motor: uma vez engrenado (é o papel da educação), ele age por si mesmo, desenvolve e mantém as melhores disposições. O que confirma a inutilidade, para a política positiva, de um mecanismo forçado: a natureza humana, por ser a natureza de um ser *sociável*, possui em si mesma o princípio da solução do "grande problema humano".

Tendo exposto nossa interpretação do projeto comtiano, gostaríamos de abordar, pelo ângulo temático e não pelo genético, quatro grandes funções dessa filosofia, as quais, estando ligadas às condições históricas da elaboração do sistema, traduzem, dentro de um quadro teórico específico, problemáticas características do período pós-revolucionário. Este primeiro capítulo nos serviu para desvendar as conexões entre essas quatro funções que são a *ciência* (sistematizar as concepções positivas), a *sociedade* (atualizar a "ordem" dos fenômenos sociais), a *história* (concluir a Revolução desposando o sentido da história), a *religião* (sistematizar a existência humana por meio de um jogo de equilíbrios e regulações).

2
A ciência

Os modos de explicação do real

Comte emprega a palavra "filosofia" para designar toda síntese que unifique os métodos. Fala de "método" no sentido de modo de explicação. A lei dos três estados descreve os modos de explicação de que o espírito humano lançou mão em seu empenho progressivo e ininterrupto para explicar os "fenômenos" ou "fatos" que se apresentaram a ele. Mais do que um conjunto de regras, um "método" é um tipo de conhecimento. Nenhum método é em si especificamente científico, nem especificamente religioso, visto que, das crenças fetichistas até as formas modernas de investigação sobre o real, é um mesmo movimento de nossa inteligência em direção da apreensão *teórica* dos fenômenos (Comte fala às vezes, com esse sentido, de "contemplação" ou de "especulação") que se exprime. Entendamos por isso que a noção banalizada de *pré-científico* não é comtiana e que, para Comte, história das religiões e história das ciências se confundem. Cada modo de abordagem do real se caracteriza pelos quatro seguintes critérios: o tipo de *questão*, os *princípios* gerais da explicação, as *faculdades* do espírito colocadas em jogo (sentimento, imaginação ou razão) e os *procedimentos* exigidos (observação, comparação, etc.). O conjunto forma o que chamaremos um *regime do saber*.

O modo de explicação "teológico" busca a pesquisa dos conhecimentos absolutos: a "natureza íntima" das coisas, as "causas" primordiais e finais, o "modo fundamental de produção" dos fenômenos. Esse modo de explicação postula a intervenção de agentes sobrenaturais ou de seres concebidos sobre o modelo humano. Isso corresponde à nossa "tendência inicial" ao antropomorfismo: nossa inteligência começa por "transportar para todo lado o tipo humano, assimilando todos os fenômenos insignificantes àqueles que nós mesmos produzimos" (EP, § 3). Nesse estado, o sentimento e/ou a imaginação prevalecem sobre a razão.[1]

O modo de explicação "metafísico", transitório, não se destaca do precedente no plano do questionamento, pois tende da mesma maneira na direção dos conhecimentos absolutos. Contudo, os princípios explicativos diferem: os agentes sobrenaturais são substituídos pelas "entidades, "idealistas" ou "abstrações personificadas", por exemplo, os "fluidos" na física (na explicação sobre a dilatação), as "afinidades eletivas" na química, a "Providência" na política, ou ainda esta "entidade geral" que é a "natureza", considerada no século XVIII como única fonte de todos os fenômenos (C, 1. 1, 22). Assim, a "metafísica" se assimila a uma "ontologia" (reino dos *seres em si*). Nesse estado intermediário, a imaginação não é mais dominante e a observação ainda não se impõe plenamente. A utilidade da metafísica está associada à sua ação dissolvente, negativa: arruinando o teologismo, ela prepara a transição para o estado positivo.

---

1. Em outro contexto de pensamento, Freud defende uma idéia similar quando compara o antropomorfismo dos primeiros homens ao modo de raciocínio do paranóico, que projeta sua obsessão para o exterior e dá uma significação pessoal ao menor fato do acaso. Cf. *Psychopathologie de la vie quotidienne*, Petite Bibliothèque Payot, p. 273-7 [ed. bras.: *Sobre a psicopatologia da vida cotidiana*, Rio de Janeiro, Imago, 2006].

A principal "revolução" do espírito se situa na passagem do regime "teológico-metafísico" para o regime "positivo". Tomando consciência da relatividade de todo conhecimento, o espírito abandona a questão "inacessível" das essências e das causas, em benefício da problemática das leis.

As "revoluções" pelas quais as diferentes ciências chegaram ao estado positivo são assinaladas por uma série de inversões que Comte detalha no *Plano* para demonstrar que elas não são ainda produzidas pela ciência dos fenômenos sociais, apesar dos avanços de Montesquieu[2] e Condorcet.[3]

a) A passagem do *absoluto* para o *relativo*: a busca absoluta do "melhor governo possível" é vã porque considera a organização social fazendo abstração da lei que rege a marcha da civilização. Cada doença exige um tratamento apropriado. A questão intemporal do regime político ideal é um falso problema, pois o melhor regime político não é outro, em cada época, senão o regime adequado ao estado contemporâneo da civilização. A ordem política exprime

---

2. Montesquieu (1689-1755) foi reconhecido por Comte, Durkheim e Aron, como um precursor da sociologia. *O espírito das leis* (1748) inova efetivamente ao deslocar a ciência política para uma ciência das sociedades históricas concretas.
3. O marquês de Condorcet (1743-94) foi talvez o último filósofo das "Luzes". Matemático, dedica-se às aplicações dos cálculos das probabilidades às questões econômicas e sociais. Deputado na Assembléia Legislativa em 1792, apresenta um projeto de reforma da instrução pública. Seu *Esboço de um quadro histórico dos progressos do espírito humano* expõe, dentro da história universal, o testemunho de vários deslocamentos. No *Plano*, Comte censura ao esboço de Condorcet a arbitrariedade da periodização, a crítica excessiva ao passado, a existência inexplicada dos retrocessos nos períodos mais esclarecidos e, sobretudo, a ausência de teoria histórica global. No *Curso*, ele homenageia as qualidades humanas do personagem. No *Sistema*, Comte o apresenta como seu "pai espiritual" ou como seu "principal precursor direto". Na década de 1850, Comte não precisa mais provar a originalidade de seu pensamento: busca antes situá-lo na história e reivindica então uma filiação que passa por Descartes, Fontenelle, Diderot, Condorcet.

a ordem civil (as forças sociais dominantes acabam por se tornar forças dirigentes) e a própria ordem civil exprime a civilização em seu conjunto. Isso justifica a prioridade de uma reorganização "espiritual" sobre uma reforma das instituições.

b) A predominância da *observação* sobre a *imaginação*: a política teológica, que se sustenta sobre a "idéia sobrenatural do direito divino", e a política metafísica que se fundamenta num "contrato social primitivo", permanecem amplamente tributárias da imaginação. A política positiva reivindica um outro método de investigação, aquele que se baseia na observação.

c) A extração do *antropocentrismo*: levado pela imaginação, o homem tem primitivamente a tendência de se acreditar investido de uma função central e de exagerar seu poder. A física social ainda não viveu essa revolução científica pela qual o homem se veja levado a repensar sua condição e a relativizar sua importância dentro do sistema da natureza.[4]

No estado positivo, que Comte considera como sendo o modo "definitivo" da explicação, o campo do conhecimento se limita ao domínio do observável. O próprio *status* da explicação se encontra aí transformado. Explicar não consiste mais em procurar "por que" tal fenômeno (um eclipse solar, por exemplo) se produz, mas dizer quais as relações que se pode estabelecer entre este e outros. Comte definiu a lei como uma relação constante

---

4. Essa inversão nos leva a pensar em Kant, que apresenta o criticismo como uma espécie de revolução copernicana: "Tentemos então finalmente ver se não seremos mais felizes nos problemas da metafísica supondo que os objetos devem se regular por nosso conhecimento [...] Trata-se aqui de uma semelhança com a primeira idéia de Copérnico [...]" (*Critique de la raison pure*, trad. em francês de Tremesaygues e Pacaud, PUF, 1990, p. 18-19 [ed. port.: *Crítica da razão pura*, Lisboa, Fundação Calouste Gulbenkian, 1989]).

entre os fenômenos, um "fato geral" (mais geral e mais abstrato que os fenômenos que ela associa).

A lei não é um termo absoluto. Uma lei é, por sua vez, explicada se fizer parte de uma lei mais geral. Encaminhamo-nos para uma lei sempre que identificamos a constância dentro da variedade, o que acontece com mais freqüência ao se comparar duas mudanças simultâneas e nelas encontrar uma relação fixa. Ainda que o modelo de métodos astronômicos não seja transponível às ciências que estudam os fenômenos mais complexos, a lei da gravidade fornece, segundo ele, uma ilustração pedagogicamente eficaz da explicação positiva porque ela opera a redução de uma diversidade de fenômenos a uma "lei" única.[5]

Cada modo de explicação parece para Comte uma etapa *necessária*, normal, da evolução do espírito humano. "Só podíamos medir nossas forças mentais e, conseqüentemente, circunscrever sabiamente seu destino após tê-las suficientemente exercido" (EP, § 7). Se é verdade que Gaston Bachelard valoriza as rupturas dentro da história das ciências, em oposição ao continuísmo comtiano, a epistemologia de Comte é, por sua vez, sobre este ponto preciso, pré-bachelardiana, na medida em que descreve a evolução dos modos de conhecimento como uma experiência coletiva que procede no longo prazo por ensaios e retificações e tirando as lições de seus impasses. Comte aplica a lei dos três estados ao espírito coletivo e

---

5. O valor heurístico da lei de Newton não se deve tanto à quantificação que ela opera, mas à universalização do domínio de objetividade que inaugura. De fato, ela des-particulariza o fenômeno da queda de uma pedra restituindo-o a uma lei que se aplica a todos os corpos sólidos (entre o centro da massa de dois corpos sólidos se exerce uma força mútua que é proporcional à massa de um e do outro corpo, e na razão inversa do quadrado da distância que os separa, numa constante G). Essa descoberta é revolucionária na medida em que desacredita uma visão parcelar e substancialista do mundo.

individual, porque o desenvolvimento do indivíduo reproduz o da espécie.⁶ O homem é teólogo na sua infância, metafísico na juventude e físico (espírito positivo) na sua virilidade. Daí um programa de educação: educar o indivíduo é fazê-lo percorrer, pelo caminho mais curto, as fases da evolução humana. Reciprocamente, Comte pensa a evolução da civilização como uma "iniciação". Existe uma infância da humanidade durante a qual esta enfrenta obstáculos que não saberá imediatamente superar. Bachelard herda esse ponto de vista, quando afirma que "a história das ciências está cheia de ensinamentos para a pedagogia", ou ainda que a história das ciências pode ser considerada "como uma imensa escola".⁷

Fica portanto claro que a desqualificação do modo teológico-metafísico não tem um valor absoluto para Comte. Ela só é pertinente no quadro de uma reflexão sobre a forma dos conhecimentos científicos do século XIX, quando o recurso à providência divina aparece a partir de então como anacrônico. Mas convém acrescentar que, considerada dentro e para o presente, essa desqualificação conduz Comte a uma posição bem próxima do *neopositivismo* (mesmo se a divergência é considerável em outras teses). Achamos na verdade, dentro desse contexto, uma redução dos enunciados dotados de sentido das proposições referentes aos *fatos* ou ao *real*, e, correlativamente, a exclusão das questões "inacessíveis" ou "insolúveis" e dos "mistérios impenetráveis" da teologia ou da ontologia. Comte estabelece explicitamente como "regra fundamental" que "toda proposição que não

---

6. No contexto mais recente da biologia evolucionista, essa relação de estrutura dá seu conteúdo à lei biogenética fundamental ou à lei de recapitulação da filogenia pela ontogenia. O desenvolvimento embrionário do indivíduo reproduziria em resumo as grandes etapas do desenvolvimento morfológico de seus ancestrais animais.
7. G. Bachelard, *L'engagement rationaliste*, Paris, PUF, 1972, p. 149.

seja redutível à simples enunciação de um fato, particular ou geral, não poderá ter nenhum sentido real e inteligível" (CPSS, 140, EP, § 12). Essa divisão entre os enunciados dotados de sentido e aqueles que estão "vazios de sentido para nós" (C, 1. 58, II, 719) constitui um dos aspectos fundamentais da "filosofia positiva", e a atenção ao real um dos trunfos mais importantes do "espírito positivo".

A passagem ao modo de explicação positivo é uma "revolução" que não implica nenhuma *ruptura*, e está conforme à *continuidade* da evolução do espírito humano (o mesmo vale para o indivíduo que passa da juventude para a idade adulta). A data dessa revolução é indeterminável: seus gênios tutelares, Bacon, Galileu, Descartes, simbolizam a época na qual as concepções positivas começaram a se sistematizar e a triunfar sobre as concepções quiméricas (C, 1. 1, I, 27). Mas "o progresso final do espírito positivo se tornará cientificamente incompreensível se, desde a origem, não se conceber, em todos os aspectos, os primeiros rudimentos necessários" (C, 1. 51, II, 223). A idéia de invariabilidade existe desde a origem, ela anima pelo interior o movimento do espírito para a positividade. Nunca houve um Deus da gravidade, observou Adam Smith.[8] Inspirando-se em Smith, Comte declara:

> Propriamente falando, o homem nunca foi completamente teólogo. Sempre houve alguns fenômenos bastante simples e bastante regulares para que ele só os considerasse, mesmo desde a origem, como submissos às leis naturais. (CPSS, 139)

---

8. O filósofo escocês Adam Smith (1723-90), primeiro teórico da economia liberal com a *Riqueza das nações* (1776), escreveu também, entre outras obras, uma *História da astronomia* que contém importantes considerações antropológicas.

A ciência se enraíza num avanço "espontâneo" da inteligência, ela não tem a vocação de se isolar dentro de uma esfera elitista. Resumindo, a ciência é "um simples prolongamento especial da razão e da experiência universal" (C, 1. 32, I, 523).

É nesse sentido que precisamos compreender a continuidade e a homologia do "espírito positivo" e do "bom senso", ou da "sabedoria vulgar". Essa continuidade mostra que Comte se recusa a pensar as *crises* científicas como *rupturas*, segundo um ponto de vista que nos é difícil de aceitar hoje em dia, na medida em que as novas teorias do começo do século XX, como a teoria da relatividade, por exemplo, recolocaram em questão a concordância ideal dos resultados científicos com os dados da experiência perceptiva. Dentro de certa medida, pensamos, paralelamente, ao colapso sofrido pela fundação kantiana das ciências matemáticas e físicas na intuição e nas categorias de entendimento.

O que Kant quis demonstrar é que as condições subjetivas da sensibilidade e do pensamento têm um valor objetivo no sentido de que elas tornam possível a apreensão dos fenômenos e, por conseguinte, o conhecimento dos objetos da experiência. Estabelecendo a identidade dos princípios que governam o curso de nossas representações e daqueles que estruturam a objetividade das coisas, Kant deu um fundamento aos conhecimentos científicos de seu tempo: a mecânica newtoniana e a geometria euclidiana. Ora, a intuição espacial como forma pura da experiência em geral se achou posteriormente abalada pela construção de geometrias não-euclidianas coerentes em si mesmas, mais propícias a uma concepção "convencionalista" das matemáticas. Da mesma forma no que diz respeito à física. Submetendo o espaço-temporal às massas de matéria presente e às velocidades, ou integrando a gravitação à estrutura do espaço-tempo, a relatividade geral fere a atribuição do tempo e do espaço em quadros *a priori* enraizados na aparelhagem transcendental do sujeito e anteriores à prática científica.

Poderíamos indagar se o transcendental kantiano não admite uma interpretação mais favorável, que veria aí uma função – aberta e "relativa" – da "orquestração" matemática dos fenômenos, distinta de um discurso ontológico fechado. O que poderia justificar essa interpretação é o fato de que a intuição kantiana não tem aparentemente relação com um dado "natural" do espírito humano. Ora, o discurso comtiano do *bom senso*, certamente associado, ele também, ao estado dos conhecimentos científicos de seu tempo, parece-nos ainda mais flexível e adaptável às mutações científicas, por remeter a uma dinâmica de pesquisa *relativa* (experimentar, relacionar, prever) e acolhedora ao acontecimento *concreto*. Em Comte, o bom senso se aparenta mais a um *esquema* prático-teórico do que a essa fidelidade a si do julgamento que passa hoje, a justo título, como criticável.

A referência ao bom senso, confiante e segura, é justificada pela definição do espírito positivo; ela se baseia no uso corrente (sempre revelador, segundo Comte, de uma verdade teórica[9]) e procede de um jogo de oposições que reflete a derrubada dos critérios teológicos e/ou metafísicos: *real*/quimérico, *certo*/indeciso, *preciso*/vago, *orgânico*/negativo, *relativo*/absoluto. Essas características estão ligadas e é sua síntese que permite qualificar o espírito positivo, assim

---

9. Heidegger estabeleceu correlações entre a compreensão habitual das palavras e sua procedência, o que o leva a se referir freqüentemente ao "velho alemão". Para Heidegger, essa utilização da etimologia, espécie de experiência semilúdica do poder "filosofante" das línguas (do grego e do alemão, principalmente) se apóia numa tese não sociológica, mas ontológica, segundo a qual, pela linguagem – e singularmente pela palavra poética – nos tornamos testemunhas do "ser". Para uma análise complementar, cf. J.-M. Salanskis, *Heidegger*, Les Belles Lettres, 1997, p. 132 s.

como o empreendimento filosófico de Comte. Isolar um desses aspectos significaria reduzir abusivamente o positivismo comtiano a uma de suas acepções posteriores (pontilhismo histórico, pragmatismo, utilitarismo, etc.). Comte previne os contra-sensos por antecipação: o positivismo não é um utilitarismo. "Apesar de sua afinidade necessária, o bom senso propriamente dito deve sobretudo ficar atento à realidade e à utilidade, enquanto o espírito especialmente filosófico tende a apreciar mais a generalidade e a ligação" (EP, § 35). No plano da organização do poder espiritual, isso significa que os proletários, particularmente dispostos a filosofar, podem substituir os filósofos, mas, ainda assim, as duas funções se completam e se estimulam mutuamente através de sua "dupla reação quotidiana".

O objetivo da ciência

A idéia de *lei invariável* vai de par com o objetivo da ciência, que é o de *prever*.

> Toda ciência tem por objetivo a previsão. Pois o uso geral das leis estabelecidas segundo a observação dos fenômenos é de prever a sucessão destes. Na realidade, todos os homens, desde que um pouco evoluídos, fazem verdadeiras previsões, sempre fundadas sobre o mesmo princípio, o conhecimento do futuro através do conhecimento do passado [...] A previsão do astrônomo que prediz, com perfeita precisão, o estado do sistema solar com muitos anos de antecedência é absolutamente da mesma natureza que aquela do selvagem que prediz o próximo nascer do sol. Só existe diferença na extensão de seus conhecimentos. (P, 118)

Aos olhos de Comte, a existência das leis naturais torna inútil e ocioso o cálculo das probabilidades. Mais ou menos na mesma época, Cournot[10] desenvolve esse tipo de cálculo como instrumento que permite descobrir e separar as causas heterogêneas que entram em jogo na natureza e na história, dentro do contexto de uma teoria que, ao lado das regularidades, deixa justamente um lugar ao acaso, definido como o encontro de duas séries causais independentes. Para Comte, o acaso não existe. O conhecimento das leis, quer dizer, das relações entre os fenômenos, permite dizer qual fenômeno se produzirá dentro de condições definidas. Não se trata necessariamente de antecipar, mas também de dizer o que deverá se produzir, independentemente das circunstâncias atuais: "a previsão científica convém evidentemente ao presente, e mesmo ao passado, assim como ao futuro, consistindo sem cessar em conhecer um fato independente de sua exploração direta, em virtude de suas relações com outros já dados" (EP, § 18). Em biologia, por exemplo, a previsão pode consistir em antecipar uma ação de um organismo colocado dentro de condições determinadas ou, inversamente, em encontrar o estado do organismo que tornou possível um dado fenômeno, levando em conta a correspondência da anatomia e da fisiologia.

Visto que o conhecimento das relações constantes entre os fenômenos permite prever os efeitos provocados pela modificação de um deles, a ciência serve de apoio à ação. "Resumindo, ciência, portanto previsão; previsão, portanto ação" (C, 1. 2, I, 45).

Nossa ação, contudo, age unicamente sobre os fenômenos modificáveis. Ora, a *complexidade* e a *modificabilidade* andam juntas. Na verdade, a complexidade dos fenômenos se deve à multiplicidade e à heterogeneidade

---

[10]. Antoine Augustin Cournot (1801-77) foi um precursor na questão da sistematização formal da ação e na aplicação da "teoria dos jogos" à economia.

de suas condições de emergência, fatores que determinam paralelamente um domínio de operações possíveis (supressão, alteração, transposição) que afetam essas condições. Mas, se a complexidade de um sistema está ligada à amplitude de suas variações, os fenômenos mais complexos são também os menos previsíveis. Em conseqüência disso, nosso poder de transformação do real cresce na proporção da complexidade dos fenômenos e na razão inversa da previsibilidade dos sistemas aos quais se aplica.

Daí o privilégio e a dificuldade da ciência social e de suas aplicações. Se os fenômenos sociais são os mais modificáveis, é porque a civilização "se compõe de uma série de oscilações progressivas, mais ou menos extensas e mais ou menos lentas, aquém e além de uma linha mediana, comparáveis às que o mecanismo da locomoção apresenta" e que "essas oscilações podem se tornar mais curtas e mais rápidas por meio de combinações políticas fundadas sobre o conhecimento do movimento médio, que tende sempre a predominar" (P, 97-8). Seria um equívoco acreditar que Comte estava obcecado pelo progresso tecnológico. A ordem do mundo é no fundo pouco modificável: nunca alcançaremos mais do que a superfície do globo, pensa ele. Mesmo que a ciência conduza à ação, e torne possível uma eficácia prática, Comte coloca suas esperanças antes de tudo num progresso humano, social e moral.

Ciência e técnica

Entretanto, essa teoria da articulação entre ciência, previsão e ação, levanta igualmente o problema da relação do conhecimento científico com a inovação tecnológica.

Destaca-se geralmente a afirmação de Comte segundo a qual a *teoria* precede a *prática*, e aproveitam a importância dedicada a essa tese dentro do positivismo para desacreditar o sistema inteiro, alegando que a aplicação das descobertas científicas à indústria foi um fenômeno tardio, confirmado de modo definitivo apenas no final do século XIX. Ofuscado pela miragem da ciência, Comte teria sido incapaz de levar em consideração a independência da invenção técnica. Teria Comte divulgado uma concepção redutora do papel das ciências no avanço das inovações técnicas?

Não se deve ignorar a tese de Comte, segundo a qual, em um dado domínio de atividade, os avanços técnicos desenvolvem em longo prazo as conseqüências de uma teoria. Para evocar casos concretos, lembremo-nos que, segundo ele, "a exploração de uma manufatura qualquer, a construção de uma estrada, de uma ponte, a navegação de um navio, etc." correspondem a "conhecimentos teóricos preliminares" (P, 79). No entanto, se a aplicabilidade potencial é de fato um impulso primordial para a pesquisa científica, as teorias em geral não visam à aplicação técnica direta, mas respondem, antes de tudo, a uma curiosidade natural do espírito humano, a uma "necessidade fundamental" da inteligência (C, 1. 2, I, 45). Comte lembra, após Condorcet, que as especulações desinteressadas dos geômetras gregos sobre as seções cônicas só foram exploradas na navegação várias centenas de anos mais tarde. O positivismo não é um pragmatismo.

A distinção entre *teoria* e *prática* ultrapassa, em sua ação, a clivagem entre *ciência* e *técnica* industrial. Ela diz respeito à evolução da civilização (o grau de civilização de um povo se mede pela divisão e articulação dos domínios teórico e prático), à reorganização da sociedade (a necessidade de instaurar um poder espiritual distinto do poder temporal é o programa que lhe corresponde), ao ensino da moral (as leis essenciais da natureza humana fundam pedagogicamente as regras de conduta privada e pública). Por outro lado, esse par de noções está ligado a outro dualismo, o do *geral* e do *especial*: para Comte, a "verdadeira teoria" é "sempre geral", e "cada uma deve tudo conceber essencialmente", mas a "prática sã" é "constantemente especial" e a execução impõe a divisão do trabalho em tarefas especializadas (SPP, II, 316). Poder-se-ia acreditar que essa aproximação de noções situa categoricamente a teoria do lado da ciência e a prática do lado da técnica, se a existência de graus de generalidade e especialidade não viesse logo ofuscar essa interpretação. De fato, o *teórico* e o *prático* são noções que, longe de fazer referência a dois domínios isolados, caracterizam habitualmente, por sua dosagem, as partes relativas de *concepção* e de *execução* que um *mesmo* conjunto de operações comporta.

Expliquemos: o dualismo concepção-execução passa, *no interior* mesmo da atividade técnica, entre a idéia técnica, fonte de invenção, e suas diversas aplicações. Eis um exemplo: querendo atrair a atenção dos leitores sobre o longo intervalo de tempo necessário à reforma da sociedade, Comte evoca como termo de comparação o momento em que "a força elástica do vapor de água foi concebida como um novo motor aplicável às máquinas" e o período quase secular que foi necessário "para desenvolver a série de reformas industriais que foram as conseqüências mais diretas desta descoberta" (P, 73). Se admitirmos que o papel dos dados científicos na gênese da máquina a vapor foi nulo, ou desprezível, e que Comte não ignorava isso, podemos considerar a escolha deste exemplo como convincente.

Enfim, Comte sabe muito bem que a articulação da teoria à prática dentro da indústria moderna não pode se reduzir à aplicação concreta de dados puramente abstratos. Condorcet já havia notado que, "em todas as artes, as verdades da teoria são necessariamente modificadas na prática".[11] Entre a concepção pura e a execução, se interpõem todas as mediações que combinam um saber "finalizado" às competências práticas. Observador atento da revolução industrial, Comte nota o importante crescimento da classe de *engenheiros* numa época em que esta se transforma quantitativa e qualitativamente. O antigo aluno da Politécnica que, de sua parte, prefere consagrar sua existência ao ensino, vê de fato nessa classe "o agente direto e necessário à coalizão entre os cientistas e os industriais, pela qual, somente, poderá começar diretamente o novo sistema social" (CPSS, 174). Ele atribui aos engenheiros o cuidado de adaptar as descobertas à indústria, ou seja, "organizar as relações da teoria e da prática" (C, 1. 2, I, 47), deixando aos industriais a condução da execução. Longe de servir simplesmente de relé entre tal ciência e a indústria correspondente, as "doutrinas intermediárias", valorizadas pelo autor, requerem a capacidade de circular entre os diversos ramos do saber. Pensando na agricultura, e antecipando a função dos engenheiros agrônomos, Comte cita como indispensável a "íntima combinação de conhecimentos fisiológicos, químicos, físicos e mesmo astronômicos e matemáticos".

A pluralidade das ciências e das abordagens

Comte repete que a simples coleta de fatos não tem nenhuma significação científica, que toda observação deve ser guiada por uma hipótese e que os fatos são sempre produtos da inteligência.[12] O positivismo não é um empirismo:

---

11. Condorcet, *Esquisse d'un tableau historique des progrès de l'esprit humain*, Paris, GF, 1988, p. 249 [ed. bras.: *Esboço de um quadro histórico do progresso do espírito humano*, Campinas, Ed. da Unicamp, 1993].
12. Cf. Duhem: "uma experiência de física não é simplesmente a observação de um fenômeno; ela é, além disso, a interpretação teórica desse

o empirismo absoluto é impossível, não importa o que já tenha sido dito. O homem é incapaz por sua natureza não apenas de combinar fatos como deles deduzir as conseqüências, até simplesmente de os observar com atenção e de os reter com segurança, se não os associar a alguma explicação. Em uma palavra, é tão impossível haver observações contínuas sem uma teoria qualquer quanto haver uma teoria positiva sem observações contínuas. (CPSS, 141)

Comte destaca a importância, em toda observação, das *hipóteses* diretrizes. Para serem fecundas, as hipóteses devem ser verificáveis e comportar o grau de aproximação adaptado à natureza dos fenômenos estudados. Trata-se de "antecipações sobre o que a experiência e o raciocínio teriam podido revelar imediatamente, se as circunstâncias do problema tivessem sido mais favoráveis" (C, 1. 28, I, 457). Afastando da ciência ao mesmo tempo as hipóteses transcendentes e o registro desconexo dos fatos brutos, Comte situa o espírito positivo tão longe do misticismo quanto do empirismo. A previsão constitui um critério de demarcação entre a ciência e a erudição. Comte fustiga a "vã erudição" que não tenta achar as leis e acumula fatos sem procurar associá-los. Se a compilação de dados brutos pode às vezes fornecer um material explorável, ela não apresenta em si mesma nenhum interesse científico. Comte deplora em sua época a dominação do espírito do detalhe sobre o espírito do conjunto, e sustenta que apenas uma visão sinótica e racional permite tirar vantagem da matéria fornecida pela erudição. Tudo pode se tornar objeto de estudo sociológico, por exemplo, para um olhar convenientemente preparado

---

fenômeno" (*La théorie physique*, 1906, p. 233). O físico Pierre Duhem (1861-1916) é conhecido nos Estados Unidos por sua teoria holista, segundo a qual, as hipóteses científicas sofrem coletivamente o controle experimental.

e educado: os menores acontecimentos, os costumes, os monumentos, os idiomas, etc.

A exploração científica emprega três procedimentos adaptados aos diferentes graus de complexidade dos fenômenos estudados: a observação pura, a experimentação e a comparação. A primeira, que mobiliza vários sentidos (a visão astronômica, a visão e a audição na física, o paladar na química, etc.), consiste no exame direto do fenômeno tal qual ele se apresenta. A segunda consiste em examinar o fenômeno artificialmente modificado, as patologias podendo, aliás, fornecer o equivalente de uma experimentação biológica. A comparação (entre os sexos, as partes do organismo, etc.) intervém em diversos graus da observação e experimentação, mas serve mais especificamente para explorar uma série de casos em que o fenômeno se simplifica.

A experimentação, dizia Bichat[13], apresenta um duplo inconveniente em fisiologia: ela só opera sobre uma parte do organismo e produz condições artificiais que perturbam a observação do funcionamento natural. Reencontramos essa intuição *holística* dos fatos do organismo em Comte, acompanhada das mesmas conclusões. A experimentação é a ferramenta privilegiada da física; ela convém menos à química e ainda menos à fisiologia. Repousa em princípio sobre a confrontação de dois casos idênticos exceto por um fator que fazemos variar, mas a interferência dentro do organismo dos efeitos múltiplos torna árduo o isolamento de um fator independente. É portanto a consideração da *totalidade* orgânica do ser vivo que cria obstáculo à utilização experimental: a interdependência dos fenômenos vitais, as interações entre o organismo e o meio

---

13. Xavier Bichat (1771-1802) é o autor de uma célebre definição: "A vida é o conjunto das funções que resistem à morte". Suas *Pesquisas fisiológicas sobre a vida e a morte* e seu *Anatomia geral* marcaram época na biologização da medicina.

(a "harmonia" entre o ser vivo e seu meio caracteriza "a condição fundamental da vida") restringem a eficácia e o valor desse procedimento à medida que os fenômenos se tornam mais complexos (C, 1. 40, I, 690-1).[14]

Cada ciência elabora, portanto, um método ajustado à dificuldade própria do tipo de fenômeno do qual ela se ocupa. Existe decerto na ciência uma unidade de método no sentido comtiano de *modo de explicação* (conhecer cientificamente é associar os fenômenos pelas leis), mas não no sentido dos *procedimentos*. A idéia de uma formalização do modo científico não é comtiana. A especificidade da ciência não se deve ao seu formalismo, nem a uma lógica geral aplicável a cada domínio do conhecimento. Sobre este ponto, a posição de Comte está muito afastada do positivismo lógico.

O estatuto dos matemáticos, para Comte, é em relação a isso significativo. Comte não apresenta a matemática como uma gramática do real, tampouco como uma língua universal ("a influência dos signos foi consideravelmente exagerada", C, 1. 3, I, 77), mas como esse conjunto abstrato e artificial que fez surgir inicialmente a possibilidade de exprimir a invariabilidade das relações reais por meio de um procedimento indireto. Esse salto para fora do concreto inaugura a constituição de um campo dedutivo cujo destino positivo é sobretudo instrumental: com esse "artifício fundamental", o conhecimento científico só se tornou independente do real para melhor esclarecê-lo. Potencialmente universal, a matemática não tem nada de um critério único de cientificidade; a "perfeição" do cálculo se deve "à extrema simplicidade das idéias que ela considera"

---

14. Essas dúvidas em relação à experimentação surgiram por ocasião das mutações científicas do século XX. René Thom, o iniciador da "teoria das catástrofes", sustenta, não sem se inquietar, que ainda não foi inventada a metodologia que permita, por exemplo, isolar os fatos significativos de complicações insignificantes.

e a matematização do real não vai além dos fenômenos mais simples e mais gerais. A matemática é o berço e não o trono da positividade. A importância propedêutica de seu exercício consiste em que ela inaugura e representa simbolicamente para a pesquisa científica o *desvio* pelo terreno da abstração; assim, ela resume o gesto da ciência dentro de sua generalidade e dá assistência às outras ciências em seus próprios empreendimentos.[15]

O *anti-reducionismo*

Comte chama de *materialismo* "a tendência espontânea das ciências inferiores em dominar e mesmo absorver as superiores" (SPP, II, 43). Essa tendência é espontânea na medida em que toda ciência, uma vez seus métodos elaborados, busca expandir suas explicações aos fenômenos que ainda não adquiriram, posto que demasiadamente *especiais*, sua cientificidade plena. Essa anexação de um domínio mais complexo por um domínio "inferior" constitui o que Comte chama de "usurpação". O exemplo mais esclarecedor do anti-reducionismo comtiano se refere aos perigos do imperialismo das matemáticas, que ele denuncia com um ardor sem precedente na sua segunda carreira, fustigando particularmente a "usurpação algébrica", associada à hipertrofia do procedimento dedutivo. Essa tendência se encontra por todos os lados: a matemática estende-se sobre a física, a física sobre a química, a química sobre a biologia, a biologia sobre a sociologia.

Essa anexação se deve à continuidade dos domínios de objetividade. A um mesmo *objeto* são associadas ordens de *fenômenos* irredutíveis uns aos outros, quer dizer,

---

15. Sobre o sentido do desvio e do ardil em matemática, cf. Juliette Grange, op. cit., p. 169: "A ciência permanecerá por sinal, em seu conjunto, e até seus derradeiros desenvolvimentos, e isso segundo o próprio modelo dos matemáticos, uma construção fictícia, ardilosa e artificial [...]".

aqueles que só podem ser estudados separadamente, com ajuda de métodos diferentes. Assim, por exemplo, a biologia e a sociologia estudam igualmente o homem, mas sob pontos de vista diferentes: a sociologia considera a fisiologia humana, e prolonga a biologia, mas ela introduz um ponto de vista novo estudando a influência das gerações humanas umas sobre as outras. Esse fato *coletivo* e *histórico* escapa à biologia, que limita suas investigações ao indivíduo e, entretanto, "é somente no estado social, e mesmo após uma civilização já bastante prolongada, que se manifestam, com uma evidência notável, as propriedades essenciais da humanidade" (C, 1. 40, I, 681).

O risco de erro existe assim que uma ciência se pronuncia sobre um campo fenomênico mais amplo que o seu. É por isso que a coordenação dos saberes deve permitir "regenerar" as ciências inclusive nos detalhes de suas conclusões. Sendo os fenômenos mais complexos aqueles que oferecem a maior diversidade de ângulos de abordagem, a sociologia corre um risco máximo de absorção por outras ciências. A desconfiança de Comte em relação a isso se manifesta pela exclusão da *matemática social* de Condorcet[16]; ou ainda por suas advertências contra as conclusões sociológicas da *frenologia*. O erro de Gall, que concluiu pela fixidez do instinto guerreiro[17], mostra que a observação do cérebro exige ser interpretada e completada por um outro ponto de vista, o do

---

16. Condorcet tentara aplicar a análise e o cálculo das probabilidades às decisões humanas, por exemplo no caso do voto, empreendimento indicativo de uma supremacia racional da opinião que prossegue até nossos dias.
17. Segundo Gall, o ardor destrutivo é uma espécie de ardil da natureza que tende à preservação do equilíbrio demográfico. Cf., por exemplo, *Anatomie et Physiologie du système nerveux en général et du cerveau en particulier*, Paris, Librairie Grecque-Latine-Allemande, 1818, vol. III, p. 247-9.

sociólogo que estuda a evolução dos instintos ativos. Toda ciência é parcialmente inadequada à totalidade do objeto que ela estuda.

Do que precede, pode-se concluir que a ciência, caracterizada como construção hipotética na qual os fenômenos são submetidos a leis invariáveis, não tem por objetivo a descrição integral de uma ordem do mundo, a idéia de tal ordem tendo apenas, em Comte, uma função diretriz e epistemológica. A ciência é plural, e as ciências têm de início a tarefa de recortar e circunscrever os fenômenos, cada ordem de fenômenos correspondendo a um aspecto do real. A ciência não estuda os "corpos" em si mesmos, mas somente através dos fenômenos que lhes ocorrem. Vimos que de um mesmo objeto emergia uma pluralidade de ordens de fenômenos; inversamente, uma mesma ordem de fenômenos (por exemplo, a gravidade) pode se encontrar em todos os corpos. Conseqüentemente, a distribuição das ciências não tem por missão coincidir com uma ordem ontológica subjacente. Ela se apóia nos tipos de fenômenos cuja apreensão é inteiramente relativa a nossas possibilidades de conhecer, quer dizer, voltaremos a isso, à nossa organização e situação. As próprias leis resultam, por conseguinte, de um trabalho de decomposição e de abstração, ou seja, de uma construção intelectual que visa *representar* uma ligação objetiva. Ainda que a designação de "fato geral" tenha podido suscitar mal-entendidos (em princípio, a generalidade pertence ao conceito, ao passo que os fatos que se dispõem sob esse conceito são particulares), Comte fez dessa noção uma utilização sensata e crítica: "Toda a generalidade é [...] incompatível com uma perfeita realidade" (SPP, I, 427).

O *relativismo*

Pode-se ver, pelo que precede, que o positivismo é um relativismo. Esse relativismo vale, de um lado, para o *estatuto* do conhecimento científico. As verdades estabelecidas pelas ciências constituem aproximações no conhecimento de uma realidade que sabemos nunca poder apreender de maneira unificada (C, 1. 60, II, 771). As verdades científicas não têm valor absoluto; elas são passíveis de revisão, sempre suscetíveis a serem integradas a um esquema explicativo mais amplo e mais satisfatório. "As noções absolutas parecem-me tão impossíveis que eu não ousaria de modo algum garantir, ainda que veja alguma verossimilhança, a perpetuidade necessária e inalterável da teoria da gravitação [...]" (C, 1. 24, I, 391). Cada ciência é de fato inadequada a seu conceito, "inferior à sua definição" (C, 1. 35, I, 573). Não existe epistemologia interna: a ciência em seu conjunto exige ser ordenada e regulada de um ponto de vista outro que o científico, isto é, o filosófico ou (a partir de 1845-48) o religioso e o ético.

São, por outro lado, relativas as *fontes* do conhecimento. O conhecimento é relativo à nossa *organização*: o fenômeno sendo o que *aparece* a um sujeito, a perda de um sentido nos ocultaria "uma ordem inteira de fenômenos naturais" (não haveria astronomia para uma espécie cega) e, reciprocamente, a aquisição de um sexto sentido nos revelaria "uma classe de fatos dos quais não temos agora nenhuma idéia". Ele é relativo, da mesma forma, à nossa *situação* (EP, § 13). Ele resulta de uma evolução coletiva global, de uma transformação da sociedade que estimula modos de investigação sempre mais eficazes, tendendo assintoticamente na direção de um limite ideal. Não seria possível desconhecer a lucidez que tal observação supõe quanto ao *status* do *observador*. Este lança um olhar condicionado pelo regime de saber que caracteriza um determinado estado da sociedade, na qual, com mais freqüência, regimes heterogêneos coexistem; a partir daí, o trabalho científico não poderia ser uniforme, como o ilustra o caso dos gênios, sempre à frente dos outros.

É finalmente o *domínio* do conhecimento científico que é relativizado e, com ele, seu programa, seus objetivos. Comte circunscreve o campo de nossos estudos naquilo que interessa, de perto ou de longe, à humanidade: "temos apenas necessidade de conhecer o que pode agir sobre nós de uma maneira mais ou menos direta" (C, 1. 19, I, 304). Ora, segundo uma distinção que Koyré[18] retomará, o "universo" estelar e galáctico, que não tem proporção com o espírito humano, escapa a nossa dominação teórica e prática. Comte conclui disso, com um gesto normativo que será severamente criticado, que nosso esforço deve se concentrar sobre o "mundo", quer dizer, sobre o sistema solar.

Não nos precipitemos em ver nessa interdição um sinal de presunção. O relativismo de Comte traduz, ao contrário, uma reflexão sobre a *medida* do homem.

A epistemologia de Comte tem as propriedades de uma meditação sobre nossa condição que não deixa de lembrar, dentro de outro contexto, a dos estóicos ou a de Montaigne. A fraqueza do homem se exprime na obra

---

18. Nascido na Rússia e tendo ido para a França após ter sido aluno de Husserl, Alexandre Koyré (1892-1964) difundiu com sucesso, em sua docência na École Pratique des Hautes Études, a idéia de que as revoluções científicas – por exemplo, a passagem do mundo fechado da cosmologia medieval ao universo aberto da ciência moderna – correspondem a perturbações globais dos quadros do pensamento e se baseiam menos nas descobertas factuais do que nas opções "filosóficas" que visam atingir a essência do real. Comte, sendo um dos primeiros teóricos das "revoluções científicas", tem seu lugar dentro da linhagem epistemológica que, passando por Koyré, leva a Thomas Kuhn e à sua teoria dos "paradigmas científicos".

de Comte primeiramente pelo fato de a inteligência nela ser humilhada. A desproporção entre nossas fraquíssimas capacidades teóricas e a singular complexidade do mundo arruína para sempre a esperança de alcançar uma explicação única do real (EP, § 19). As mesmas considerações justificam a tese segundo a qual existe um estado definitivo do conhecimento; isso porque certas ciências já atingiram "os limites naturais impostos à nossa inteligência" (Synth, 194). Acrescentemos a isso a brevidade da vida, e compreenderemos que é ilusório para o indivíduo acreditar-se alforriado das condições históricas dentro das quais seu pensamento se exerce (C, 1. 46, II, 24). Não seria possível abordar a sociologia de Comte sem ver a humildade contida na teoria do homem que a permeia: o poder das determinações coletivas, em Comte, é somente o inverso da miséria do indivíduo, para o qual toda idéia absolutamente original permanece para sempre proibida.

Vem daí uma forma de realismo e de *sabedoria* que nos ensina que nosso poder de transformação é limitado pela invariabilidade da ordem natural, pela imutável necessidade exterior, e que o resultado de nossa ação é sempre conseqüência das leis naturais às quais ela se dobra. "Em uma palavra, a ordem artificial que resulta de nossa intervenção repousa necessariamente sobre a ordem natural que não podemos mudar, e da qual ela representa um prudente desenvolvimento" (SPP, II, 43). A ordem do mundo, que não é organizada a nosso favor, deixa evidente a precariedade de nossas existências, e a astronomia, que nos torna sensíveis aos riscos de aniquilação da humanidade através da colisão de um cometa com a Terra, nos incita também à humildade. A sabedoria positivista consiste em tomar consciência de nossa *condição* e agir na proporção de nossas capacidades reais: "Resignar-se nobremente a todos os males insuperáveis, e intervir, com uma sábia energia, em todos os casos modificáveis" (Ens, 379).[19]

Se Comte procura limitar nosso campo de ação, é tendo em vista otimizar seus efeitos. Por conseguinte, uma das missões do positivismo religioso será filtrar os conhecimentos e orientá-los no sentido da Humanidade: "É ocioso, e mesmo vicioso, estudar a ordem natural além daquilo que exige a construção da ordem artificial" (SPP, II, p. 43).

Dentro dessa perspectiva, Comte destaca com vigor, na sua segunda carreira, os perigos do formalismo algébrico, condenando, através dos excessos da álgebra, o "orgulho" do espírito demonstrativo, seu individualismo e sua indiferença à realidade dos problemas humanos. É ilusório pretender extrair de si mesmo as verdades essenciais sobre o mundo. A dedução, levada longe demais, não produz mais que fórmulas fechadas em si mesmas, deixando entrever "uma espécie de retrocesso para o regime metafísico" (SPP, I, 470). Essa tese poderia ser comparada à crítica do racionalismo dogmático por Kant, para quem é vão querer enriquecer o conhecimento só pelo emprego de conceitos *a priori*. Mas Comte quer, principalmente, mostrar que essa forma de egocentrismo engendra os piores efeitos morais. É o que explica, segundo ele, por que os matemáticos se comportam, no plano institucional, como usurpadores. O "regime acadêmico" perverte todas as faculdades, "encurta a razão", "murcha a imaginação", tende "a ressecar o coração" e

---

19. Pode-se dizer que o pensamento de Comte se construiu em torno de uma atenção inquieta à situação do homem dentro de um mundo relativo e num universo quase ininteligível, vertiginoso. Pierre Macherey assume essa interpretação reintegrando a filosofia de Comte à linhagem da filosofia "trágica" que vai de Pascal a Nietzsche. Cf. P. Macherey, *Comte, la philosophie et les sciences*, Paris, PUF, 1989, p. 121-2 (col. Philosophies).

a "degradar o caráter". Denunciando os perigos de uma ciência que encontra seu fim nela mesma, Comte justifica a necessidade de uma regulação religiosa. O positivismo religioso deve "encerrar necessariamente a longa insurreição do espírito sobre o coração". O controle exercido pelo poder espiritual sobre a ciência deve precisamente corrigir esses efeitos perversos, graças à influência do "instinto popular" e do "sexo afetivo".

A enciclopédia

Para Comte, a hierarquia enciclopédica respeita as etapas do desenvolvimento de nossa inteligência que se apodera progressivamente do mundo dos fenômenos na ordem crescente de sua complexidade e na ordem decrescente de sua generalidade. Essa série é portanto contínua, e é nesse sentido que é preciso entender a noção de "graus enciclopédicos". Essa classificação permite coordenar os saberes e determinar seus laços de dependência mútua. Cada ciência se apóia sobre a precedente sem a ela se reduzir (o que Comte designa pelo termo "subordinação"), porque o tipo de fenômenos que ela estuda depende de um tipo de fenômenos mais simples.

Ao mesmo tempo que ela esclarece as relações entre as ciências, a hierarquia enciclopédica fixa para cada ciência a ordem didática de aquisição dos conhecimentos anteriores. Assim, não é possível estudar as sociedades sem conhecimentos biológicos (e ecológicos, diríamos hoje em dia), na medida em que a nutrição, por exemplo, condiciona de modo evidente a vida dos indivíduos, sem os quais não haveria sociedades. Por isso, a sociologia supõe todas as outras ciências, segundo o mesmo princípio. Essa ordem didática se esclarece igualmente se considerarmos um problema circunscrito: a questão da gravidade, exemplo de problema físico, exige conhecimentos matemáticos.

A hierarquia enciclopédica corresponde à ordem na qual as diferentes ramificações do saber chegaram a um modo de explicação homogêneo e a conhecimentos tão completos quanto permitem nossas capacidades intelectuais. Nesse sentido, a escala enciclopédica descreve as etapas de um sistema, e a enciclopédia, na sua íntegra, é esse sistema ao atingir o estado positivo, ciclo do saber completo e homogêneo, portanto definitivo por sua forma. A circularidade da en*ciclo*pédia, assumida em Hegel pela determinação única do absoluto segundo a qual "as diferenças das ciências particulares são somente determinações da própria Idéia" é sugerida em Comte pelo fato de esse crescimento lento que alcança, no ponto mais alto do sistema, a constituição da ciência dos fatos sociais ser ele mesmo um fato social. Assim como a linguagem e as grandes obras artísticas, a acumulação e o progresso das técnicas, ou ainda o ensino, as ciências são inseparáveis do avanço da civilização. A enciclopédia enquanto história e classificação das ciências torna então possível a nova ciência que, num movimento de retorno, faz dela seu *objeto*: a sociologia.

A sociologia é necessária para qualquer teoria dos saberes na medida em que o sujeito do conhecimento deve ser compreendido não como um *cogito* individual, mas como um *sujeito geral*. Podemos pensar aqui em Hegel, que restitui o movimento do *espírito universal* se realizando na cultura segundo um processo que eleva a consciência até sua determinação final dentro de um saber, no qual o objeto e o sujeito, aí também, coincidem. O percurso pedagógico do "Curso de filosofia positiva" apresentado diante dos acadêmicos "pré-positivistas" e expondo a enciclopédia a um só tempo sincrônica e diacronicamente, parece-se bastante a esse "romance de educação" para pensadores filosoficamente "pré-hegelianos" que é a *Fenomenologia do espírito*. E a retomada da enciclopédia dentro do *Sistema*, sob o ângulo "subjetivo" (humano) reabilitando uma forma de *holismo* para o qual só o fetichismo poderia dar a idéia, lembra dessa vez a *Enciclopédia de ciências filosóficas*, obra na qual Hegel aborda de maneira não mais fenomênica, porém sistemática, a unidade das determinações, dos "momentos", dentro do espírito absoluto. A incorporação do fetichismo ao positivismo – retornaremos a essa conivência entre a primeira etapa do espírito e seu regime definitivo – poderia até, aí também, evocar para nós a idéia hegeliana segundo a qual o processo de alienações e reconquistas do espírito, conduzindo sempre até o saber final, o pressupõe como o elemento que revivifica as determinações antecedentes e se autoposiciona pela sua intervenção.

Resumindo, não foi suficientemente dito que Comte abona, como Hegel, uma *teleologia* histórico-científica que reúne um devir-real e um devir-verdadeiro na "odisséia" de um sujeito geral: o espírito. Seria Comte um "Hegel francês"?

Não achamos. O hegelianismo é um *monismo especulativo* centrado sobre a absolutização da consciência dentro do próprio elemento do saber absoluto entendido como conceito geral da ciência. Ora, no saber total que é o saber absoluto, é a forma da consciência, a diferença do sujeito e do objeto, que desaparece, enquanto a sociologia comtiana, ao contrário, permanece um saber relativo, limitado pelo seu objeto: a humanidade. A filosofia de Comte é uma filosofia do espírito, com certeza, mas que resiste à tentação do *monismo*, uma filosofia na qual a impossibilidade do saber para se mover em seu próprio elemento incita à humildade e engendra também uma forma de inquietação. Levando bem longe a interpretação, poder-se-ia quase ver na reivindicação da distinção do sujeito e do objeto, dualismo incompreensível, o drama da consciência científica que recorre a uma "religião". Hegel, por sua vez, não é um fundador de religião, seu empreendimento é outro: ele leva até seu termo *especulativo* a identidade "divina" do momento humano e do momento divino do espírito.

Ainda sobre esta questão, há outra diferença entre Comte e Hegel. A sociologia efetua uma saída do *especulativo*: nela se elabora uma forma nova e coletiva de consciência de si que deve desencadear no plano *prático* um movimento de opinião europeu próprio para reorganizar *historicamente* a sociedade em torno de uma divisão fundamental dos poderes espiritual e temporal. O eixo sociopolítico que escolhemos seguir neste livro esclarece a comparação: enquanto, para Hegel, chegar ao conceito de seu conceito é o único horizonte e a satisfação suprema da filosofia, para Comte, a enciclopédia não encontra seu fim em si mesma, ela é apenas uma etapa dentro de um plano de reorganização social. Há aí duas concepções diferentes da filosofia, da sua missão, e da *temporalidade* que indica o ato de filosofar; são testemunhas as leituras que consistem, nas suas versões mais redutoras (só contestamos essas interpretações em sua formulação simplista), em sobredeterminar a clausura hegeliana de um lado e o utopismo comtiano do outro, para só perceber no hegelianismo a legitimação teórica do Estado prussiano e no comtismo apenas um profetismo delirante...

A sociologia

Comte critica de maneira recorrente as doutrinas *metafísicas* que estudam o homem como um ser isolado. Ele repete: "o homem propriamente dito não é, no fundo, senão uma pura abstração; não há nada real senão a humanidade" (C, 1. 58, II, 715). Essa afirmação cria um problema. Vê-se nela, em geral, uma desvalorização do indivíduo. Pessoalmente, vemos nela menos uma consideração de objeto que a de método. Comte ataca o idealismo e a psicologia que ocultam o *nós* em benefício do *eu* numa abordagem solipsista. O essencial de seu discurso consiste em recusar a pertinência de um discurso infra-sociológico sobre o homem. Para ele, o homem como indivíduo deve ser substituído na sua relação com o todo social, ele deve ser compreendido à luz dessa nova ciência que é a sociologia.

Uma outra questão volta com freqüência, e que não deixa de ter relação com a rejeição da psicologia: terá Comte fundado esta ciência do homem que é a sociologia transpondo para as ciências do espírito as concepções reservadas às ciências da natureza? Para esboçar uma resposta a essa objeção, reunamos as indicações dispersas dentro da obra.

Entre as ciências circulam categorias comuns, que permitem apreender as regularidades transversais, com a condição, contudo, de adaptar seu uso aos diferentes tipos de fenômenos estudados. Assim ocorre, por exemplo, com as categorias da *estática* e da *dinâmica*, das quais a mecânica já fez uso, e que reencontramos, com significações diferentes, em todas as ciências, até na sociologia, na qual elas correspondem às noções de *ordem* e de *progresso* que, por sua vez, derivam da biologia e dizem respeito respectivamente à organização e à vida, à anatomia e à fisiologia. Para Comte, não se trata aqui, propriamente falando, de importar essas noções das ciências da natureza para as ciências humanas, mas, antes, de fazer reconhecer cientificamente a universalidade de seu domínio de validade.

Retomemos então este exemplo: se os fenômenos menos modificáveis dão, de preferência, a imagem da ordem, e os mais modificáveis a do progresso, essas duas categorias são encontradas em todo lugar em diversos graus. Melhor: a harmonia da ordem e do progresso é atestada em diferentes níveis – correlação da existência e do movimento no nível inorgânico, harmonia da natureza humana e da história coletiva na esfera social –, mas sob formas que diferem segundo o tipo de fenômeno em questão e que recebem retrospectivamente sua verdadeira significação da sociologia, que faz surgir o progresso como o desenvolvimento da ordem – a eficácia prática consistindo aqui em reconduzir um sistema desviante e enfermo a seu estado normal ao regular sua evolução.

A sociologia toma emprestadas ferramentas conceituais e métodos das ciências anteriores porque nelas encontra uma garantia de positividade. Assim, Comte prefere, por exemplo, a noção factual de *desenvolvimento*, proveniente da sociologia, à noção axiológica de *aperfeiçoamento* (C, 1. 48, II, 124). Esse tipo de importação corresponde à necessidade metodológica de partir do conhecido para explicar o desconhecido, e à regra enciclopédica segundo a qual as ferramentas explicativas mais experimentadas devem ser procuradas, no início, dentro das ciências anteriores. A *continuidade* da hierarquia enciclopédica favorece igualmente os empréstimos entre disciplinas limítrofes, porque estas, cuidando de tipos de fenômenos imediatamente vizinhos, empregam métodos comparáveis.

No plano metodológico, a continuidade enciclopédica se traduz por uma gradação de procedimentos: observação em astronomia, experimentação essencialmente na física, comparação na biologia. Os respectivos papéis desses três procedimentos são redefinidos na sociologia, mas esta desenvolve, por outro lado, seus próprios meios de investigação.

A sociologia se compõe de duas partes, segundo um recorte metodológico apresentado como tal e relativizado.

A *estática* estuda as "condições de existência da sociedade", mostrando dentro do "consenso universal do organismo social" o jogo das ações e reações mútuas, das solidariedades fundamentais que garantem a conservação do todo. Nesse sentido, é uma teoria da ordem, desde que se entenda a ordem essencialmente como uma "justa harmonia permanente" entre as diferentes partes do sistema social e não como uma estrutura artificialmente imposta. A *dinâmica* estuda as leis do movimento contínuo da sociedade, as leis de sucessão; ela permite ver em ação a solidariedade entre os diferentes aspectos do organismo social e confirmar assim os resultados da estática. Portanto, para Comte, explicar um fato em sociologia significa reatá-lo seja ao "conjunto da situação correspondente", seja ao "conjunto do movimento precedente".

Se a *estática social* constitui a "base" da sociologia, a *dinâmica social*, diz Comte, fornece "a parte mais diretamente interessante" da ciência social: "só ela consegue dar ao conjunto desta ciência nova seu caráter filosófico mais nítido, fazendo prevalecer diretamente a noção que mais distingue a sociologia propriamente dita da simples biologia, quer dizer, a idéia matriz do progresso contínuo, ou antes, o desenvolvimento gradual da humanidade". A "progressão social da humanidade" deve exercer uma "preponderância universal" sobre o conjunto da sociologia, ciência em que "as considerações históricas devem imediatamente prevalecer". Comte vem então caracterizar o "método histórico" como "o melhor modo de exploração sociológica".

A moral

No segundo tomo do *Sistema*, Comte reorganiza o quadro das ciências e apresenta a sociologia "como absorvendo a biologia a título de preâmbulo e a moral a título de conclusão" (SPP, II, 434). Essa concepção ampla da sociologia faz dela uma verdadeira *antropologia*, mas Comte hesita em empregar essa designação numa época em que o valor do elemento social não foi ainda suficientemente reconhecido (Cat, 96). A adjunção de uma sétima ciência, a moral, conclui o conhecimento do homem. Como Comte justifica essa novidade, que parece à primeira vista contradizer a primazia do social?

Em Comte, a moral, "verdadeira ciência final" por vezes assimilada à "antropologia propriamente dita", busca fundamentar as *regras* de conduta sobre um conhecimento científico do agente individual. Trata-se portanto de uma ciência *normativa* ou, antes, uma normatividade destinada a se tornar *ciência*, porque os preceitos morais se racionalizam na medida em que se sabe avaliar a "influência real da cada conduta sobre a existência humana, individual ou social" (EP, § 49), ou ainda a "influência real, direta ou indireta, privada e pública, própria a cada ato, a cada hábito e a cada inclinação ou sentimento" (EP, § 53). A moral positiva tem portanto por missão estudar "as reações contínuas entre o físico e o moral do homem", ou seja, a relação entre a "existência corporal" (as "vísceras vegetativas") e a "economia cerebral" (SPP, II, 438).

Comte inscreve a moral no prolongamento de sua teoria subjetiva do cérebro, que se inspira na doutrina frenológica de Gall, consideravelmente retocada, e o objetivo dessa teoria é caracterizar "a harmonia geral entre a vida afetiva, a vida especulativa e a vida ativa, no que ela oferece de comum a todas as naturezas animais" (SPP, I, 733), e colocar assim, em termos científicos, o grande problema humano, o da subordinação do egoísmo ao altruísmo.

Mas como justificar então a posição enciclopédica da moral? Por levar em conta o ponto de vista sociológico, em particular as leis do desenvolvimento humano, a moral traz às aquisições da biologia uma sistematização de que esta, em seu nível, ainda é incapaz. De outro lado, ela se ocupa de um domínio de objetos específico, irredutível ao da sociologia, o que lhe vale ser ao mesmo tempo "mais especial" e "mais complicada" que esta. De fato, a moral estuda "as perturbações individuais" que, na escala da coletividade ou da história, se neutralizam e desafiam a abordagem sociológica. Ela tira vantagem das ciências anteriores, mas também recorre a "induções que lhe são próprias" (SPP, II, 438).

A exploração moral dispõe então de um método próprio, a "observação dos outros muito mais do que de si mesmo" (Cat, 94). De modo geral, a observação deve se concentrar sobre os estados sociais variados no tempo e no espaço. Retenhamos, por exemplo, a maneira como Comte estabelece que o instinto maternal é egoísta (Cat, 142); a aparência altruísta, constatada em um estado social avançado, vem da reação benéfica da sociedade sobre a família, mas, se fizermos abstração dessa reação observando, por exemplo, as mulheres sobre as quais ela tem menos controle, vemos então que a criança constitui uma simples "posse pessoal", um "objeto de dominação". Nesse exemplo, a observação repousa sobre a comparação de dois casos idênticos em um fator, a influência social, mas admite-se como evidente a identificação do caso de "posse pessoal", de "objeto de dominação", o que supõe – formulemos essa hipótese – um mínimo de participação do sentimento do observador com a parte afetiva do caso observado; Comte talvez sugira isso colocando as projeções morais sob o signo do "bom senso universal" e, mais ainda, sublinhando a parte do sentimento na moral, que é, ela própria, uma ciência do sentimento (voltaremos a isso a propósito do "método subjetivo").

Nesse trabalho científico, o quadro cerebral fornece uma grade de análise que facilita a interpretação dos comportamentos que põem em jogo as combinações das funções. Aprende-se a ver aí que a inveja, por exemplo, resulta de uma combinação do instinto destrutivo e de um de seus seis outros instintos egoístas (nutritivo, sexual, maternal, industrial, ou, ainda, orgulho e vaidade). Se nossa hipótese for justa, a moral oscila, então, entre *explicação* e *compreensão*, visto que, de um lado, ela circunscreve o campo de interpretação dentro de um quadro pré-formado, codificação de modelos etológicos, e que, por outro lado, ela requer uma forma de empatia ou de simpatia sem a qual a identificação ou o reconhecimento dos casos observados seria impossível.

Vemos aqui que Comte procurou, mais do que se acredita, diversificar as abordagens do homem. Certamente, Comte rejeita a psicologia sob a forma de observação interior, porque esta introduziria entre o indivíduo e a Humanidade uma ruptura – transgressão inaceitável do princípio de continuidade que liga a sociologia à moral –, mas ele elabora uma espécie de *psicologia* inconfessa e arquiglobalizante que, renovando as pesquisas sobre a união da alma e do corpo (Descartes), sobre a relação do físico e do moral (Cabannis[20]), institui, no rastro positivo destes, uma concepção moderna da *alma* (*psique*) como sistema articulado das disposições próprias à *natureza humana*.

---

20. Georges Cabannis (1757-1808), médico e filósofo, colocava no princípio do sentimento de existir o "sentir"; porém, diferente de Condillac (1715-80), relacionava as sensações à nossa organização psicológica. Cf. os *Rapports du physique et du moral* de 1802.

3
A sociedade

O *organicismo*

A sociologia comtiana desenvolve uma forma de organicismo que acentua a potência das determinações coletivas e minimiza correlativamente o papel dos indivíduos, a ponto de fazer deles simples "instrumentos" ou "órgãos".

Comte recusa a inventividade pura atribuída aos gênios isolados. No domínio das ciências e das artes, o avanço do espírito humano é considerado "superior às maiores forças intelectuais, que não aparecem, por assim dizer, senão como instrumentos destinados a produzir, num tempo determinado, as descobertas sucessivas" (P, 92). O mesmo ocorre na política: "a oportunidade fundamental constitui sempre a principal condição de qualquer influência grande e durável, qualquer que possa ser o valor pessoal do homem superior ao qual o vulgar atribui uma ação social da qual ele foi apenas o feliz órgão" (C, 1. 48, II, 134). Comte reconhece a existência e a necessidade histórica do gênio, que distingue mais rapidamente e melhor que os outros a evolução da sociedade, e que, assim, pode acelerar, ou mesmo guiar, os progressos da civilização. Mas a função do gênio é significativa do *status* que lhe é atribuído. Comte oferece sobre isso uma ilustração, quando se autodefine na carta para Eugène Deullin de

6 de junho de 1852, como "o órgão individual do qual a humanidade se serve para sistematizar seu destino final".

Segundo nossa interpretação, a metáfora orgânica (correntemente utilizada na época romântica) funciona em Comte como uma analogia *parcial* e *indutiva*. Falamos em analogias indutivas para designar aquelas cuja utilização se limita às identidades de relacionamento (por exemplo, as classes estão para a sociedade assim como os tecidos celulares estão para o ser vivo) baseadas na observação, mas indecidíveis *a priori*. A analogia organismo-sociedade é *indutiva*, porque Comte se proíbe manifestamente de transpor as propriedades orgânicas ao campo social antes do exame sociológico dos fenômenos relacionados; ela é *parcial* na medida em que os órgãos ou elementos que compõem um ser vivo (um pulmão, um tecido, etc.) não possuem, isolados, uma existência própria, ao passo que os indivíduos são seres vivos por completo. Por conseguinte, Comte emprega essa metáfora principalmente em dois tipos de caso, aos quais ela se aplica, segundo ele, de maneira lícita e fecunda.

a) Ela lhe permite assimilar o devir da civilização a uma evolução *fisiológica*. Comte interpreta nesse sentido as "comoções" da sociedade como "crises" de crescimento; ele designa a crise da sociedade pós-revolucionária como "a doença ocidental".[1] O modelo patológico prolonga a fisiologia. Comte retoma e generaliza o princípio do Broissais[2], que estabelece uma continuidade entre o normal e

---

1. Sobre essa utilização "romântica" da metáfora orgânica, cf. Annie Petit, "Le Romantisme social d'Auguste Comte", *Romantisme et socialisme en Europe (1800-1848)*, Paris, Didier Erudition, 1988, p. 171-206.
2. Victor Broussais (1772-1838), médico e filósofo, afirmou a identidade do normal e do patológico, com a pequena diferença de algumas variações quantitativas. Essa idéia, que Comte generaliza sob o nome de "princípio de Broussais", impregna a medicina experimental de Claude Bernard e uma parte da psicologia científica do século XX.

o patológico: num sentido, o estado patológico é homogêneo ao estado normal, observa ele, pois representa uma variação quantitativa deste. Por esse motivo, a loucura é, para Comte, um "excesso de subjetividade" (SPP, II, 456) que se produz quando a meditação toma a frente da contemplação e que os dados do mundo exterior se encontram ofuscados em benefício das construções interiores. Que se trate da loucura ou de distúrbios da sociedade, passa-se da saúde para a doença através de uma diferença de intensidade; o remédio deve portanto consistir de fazer prevalecer o estado normal sobre seus excessos e suas alterações. A "doença ocidental" é primeiramente de natureza mental: é uma "alienação crônica" que consiste, para a sociedade, em desconhecer o curso da história que, contudo, sustenta e esclarece o presente.

b) Comte a coloca também a serviço da análise *anatômica* das estruturas da sociedade, no plano da *estática social*. Contra as teorias individualistas do século XVIII, que retraçam a gênese da sociedade partindo da ficção do homem isolado, Comte afirma que toda sociedade forma, por meio de sua estrutura, um sistema, e até mais, uma totalidade orgânica.

Toda sociedade forma um *sistema*. Certamente, os indivíduos poderiam viver, subsistir, separados da coletividade, mas, na verdade, nunca vivem assim; eles vivem em sociedade. Ora, a sociedade possui uma realidade ou uma consistência que a torna uma totalidade *indivisível*. E qualquer sistema possui unidade e homogeneidade, de maneira que os elementos do sistema social devem ser homogêneos em tudo: portanto, "a sociedade humana se compõe de famílias e não de indivíduos" (SPP, II, 181).

Foi Georges Canguilhem (1904-95) que rompeu com esse "dogma" definindo a doença como um "outro aspecto da vida" que implica uma nova normatividade (cf. *O normal e o patológico*, Rio de Janeiro, Forense Universitária, 2006).

Daí, igualmente, esta analogia: "Uma *sociedade* não é mais decomponível em *indivíduos* do que uma superfície geométrica o é em linhas ou uma linha em pontos". Compreendamos que a atomização provoca a ruína da sociedade, e que ela não poderá dar corpo a uma nova forma social que seja viável. Assim, Comte nos aparece como um teórico muito refinado das falsas aparências do ultraliberalismo contemporâneo: se a sociedade subsiste dentro de um contexto de individualização aparente, é porque o poder das determinações coletivas continua sendo exercido sob uma forma ideológica subterrânea e, portanto, insidiosa.

Ainda mais que toda sociedade é estruturada como uma *totalidade orgânica*, o que implica uma ligação particular do todo às partes, que Kant, por sua vez, descreve assim: "toda parte, assim como ela não existe senão *através* de todas as outras, é também concebida como existindo *para* as outras partes e *para* o todo, quer dizer, enquanto instrumento (órgão)".[3] Para Comte, uma sociedade é portanto outra coisa, e muito mais, que a soma de seus componentes: é uma totalidade que unifica suas partes, dirige-as, confere-lhes uma significação funcional. Por isso, a organização social deve ser estudada como um ser vivo: não se explica o ser vivo dissociando suas moléculas; os elementos que devem ser considerados são as fibras; da mesma forma, o elemento social não é o indivíduo, é uma microssociedade, a família. Em seguida, as classes ou as castas estão para a sociedade como os tecidos para os seres vivos. Enfim, as cidades são o equivalente dos órgãos. Examinemos agora como, em detalhe, esse paralelismo sociobiológico moderado se articula com a problemática sociopolítica de Comte.

---

3. Kant, *Crítica da faculdade do juízo*, § 65.

A família: regulações elementares

Comte detecta na família, unidade básica da sociedade, os caracteres essenciais de qualquer instituição. No plano moral, ela garante a transição entre a pura personalidade e a sociabilidade. Sem ignorar a importância, na natureza humana, das afeições desinteressadas, medimos aqui a aptidão dos motivos interessados para estimular e desenvolver as inclinações benevolentes que a elas se associam. O instinto carnal suscita relações que conduzem o homem a apreciar a mulher até o momento em que o afeto subsiste e cresce graças a seu próprio *encanto*.

Essa visão otimista do casamento poderia ser apresentada, com ressalvas, como a antítese da teoria de Schopenhauer, segundo a qual a atração sexual, estratagema da natureza visando à perpetuação da espécie, encontra justamente seu *limite* em sua realização. O afeto sendo apenas, segundo Schopenhauer, uma ilusão suscitada por uma natureza ardilosa que quer alcançar seus fins, nosso comportamento amoroso se ajusta na realidade, sem nosso conhecimento, às condições de realização desses fins. Mas essas condições diferem conforme os sexos. A inconstância do homem, após o acasalamento, e a fidelidade da mulher respondem então, de acordo com o filósofo alemão, ao mesmo fim, mas a diferença de atitudes se deve ao fato de que esse fim não pode ser atingido da mesma maneira nos dois casos, pois o homem pode gerar tantas crianças quanto a quantidade de mulheres existentes, ao passo que a mulher só pode conceber uma criança por ano![4]

---

4. Cf. A. Schopenhauer, *Le monde comme volonté et comme représentation*, trad. francesa de Burdeaux revisada, Paris, PUF, 1966, p. 1285-1319 [ed. bras.: *O mundo como vontade e representação*, São Paulo, Ed. Unesp, 2005].

Em Comte, a natureza, apesar de seus defeitos, inclui o princípio do desenvolvimento social – mesmo se este não puder se revelar imediatamente – e não apenas a perpetuação da espécie. Daí um "naturalismo" que não tem, com certeza, nada de cínico. Se houver um ardil, é um ardil de sociabilidade. Oferecendo o exemplo de tal desvio, a união conjugal deixa entrever, em sua escala, uma solução para o grande problema humano.

Pela legibilidade dos relacionamentos que nela ocorrem, a família fornece a Comte, conforme entenderemos, um objeto de investigação privilegiado. Assim, a subordinação que se manifesta livremente dentro da família e que faz seus membros concorrerem ao objetivo comum por vias distintas, apropriadas à felicidade de cada um, já deixa ver, segundo Comte, um modelo de coordenação social. A obediência da criança, motivada primeiramente pelo instinto de conservação, depois pelo reconhecimento, conduz à "veneração" filial; de modo recíproco, a autoridade absoluta do pai é acompanhada de uma profunda "dedicação". Comte desmascara no individualismo uma estratégia argumentativa falaz que, tomando o pretexto do despotismo oriental[5] para reivindicar a igualdade nos comandos, descreve a dominação com o exemplo de seus piores excessos. Para Comte, a obediência e o comando se harmonizam graças à justa reciprocidade da bondade e da veneração. Essa escola espontânea de comando e obediência, completada pela fraternidade, prepara assim para a vida cívica.

Não será portanto uma surpresa reencontrar nos papéis respectivos do marido e da mulher, dentro do lar, a dupla problemática das *divisões-repartições* e dos *equilíbrios*

---

5. Para os economistas do século XVIII, as civilizações do Oriente Médio, da Índia e da China eram tidas como sendo o local de eleição de um poder absoluto caracterizado pela arbitrariedade dos monarcas.

baseados nas desigualdades articuladas que evocamos no primeiro capítulo.

Em 5 de outubro de 1843, Comte escreveu a Mill:

> Destinadas, além das funções maternais, a constituir espontaneamente os auxiliares domésticos de todo poder espiritual, apoiando com o sentimento a influência prática da inteligência para modificar moralmente o reino natural da força material, as mulheres são colocadas cada vez mais em condições mais adequadas a esta importante missão, pelo seu próprio isolamento das especialidades ativas, que lhes facilita um judicioso exercício de sua doce intervenção moderadora, ao mesmo tempo que seus interesses próprios são assim associados necessariamente ao triunfo da moralidade universal.[6]

Comte centraliza a existência doméstica na mulher, quer dizer, no sentimento (uma mulher sem ternura seria uma "monstruosidade social"). Nesse sentido, chega a ponto de dizer que, num paraíso terrestre imaginário, a mulher reinaria. Mas os rigores de nosso destino nos impõem a agir e pensar. Ora, a mulher, superior no afeto, é, segundo ele, inferior sob o ângulo da força intelectual e da atividade. É portanto normal que ela renuncie ao comando e admita a dominação *prática* do marido. Ao mesmo tempo, graças a sua possante influência moral, ela preserva o homem da corrupção potencial ligada à atividade material. Ela o inicia em todos os gêneros de beleza. Ela consegue contrabalançar "a razão demasiadamente fria ou demasiadamente grosseira, que caracteriza de hábito o sexo preponderante" (C, 1. 50, II, 187). Para

---

6. Essa teoria anuncia o positivismo religioso. Cf. Cat, 173: "Do santuário doméstico emana continuamente esta santa impulsão que é a única a poder nos preservar da corrupção moral à qual sempre nos dispõe a existência prática ou teórica".

Comte, não se trata de uma desvalorização: com raríssimas exceções, é ao deixar seu "santuário privado" que a mulher se desvaloriza, visto que sua influência civil não poderia desenvolver seus efeitos máximos a não ser pela via indireta de seu ascendente doméstico, *espiritual*.

No segundo tomo do *Sistema*, Comte aprofunda a idéia de um sistema elementar de interações. A teoria positiva da família fornece, assim, uma eloqüente ilustração de *socioantropologia das regulações*, combinando os componentes duais (marido-mulher) e tríplices (o esposo, sua mãe, seu filho) dentro de um sistema elementar onde a mulher, elemento capital, afetivo, desempenha um papel descentrado porque ela contribui apenas indiretamente à vida cívica.

Em resumo, o casamento inicia a mulher na existência cívica, que o esposo, graças a sua aptidão prática, a faz apreciar. O filho aproveita dessa educação que o encaminha no sentido do sentimento e da noção de pátria. O casamento coloca esses dois sexos numa disposição favorável a seu aperfeiçoamento mútuo. Ao mesmo tempo, o homem casado continua a receber os conselhos maternais, e a veneração por sua mãe o dispõe a tratar sua esposa com carinho... Sob o peso combinado do passado, do presente e do futuro oferecido por essa ordenação, o homem desenvolve sentimentos de "veneração", de "apego" e de "bondade", cuja conciliação forma a base da vida social. A "veneração" favorece a submissão à estabilidade dos relacionamentos; o "apego" estimula o amor que a "bondade" direciona para todos os outros.

Passa-se da existência doméstica para a existência cívica não por um deslocamento desses sentimentos, mas por sua extensão. Essas duas formas de existência se beneficiam mutuamente, sempre atraídas para o alto. A família se aperfeiçoa pela sociedade, a pátria pela Humanidade. A atração do superior é irreversível, e, por um ardil da sociabilidade, que transforma nossos desejos em benefícios, cedemos ao *encanto* das descobertas que nos encaminham para a unidade. Hegel fala do "ardil da razão" para indicar que tudo se passa como se a razão universal não desse importância às paixões particulares, desviando-as em seu benefício: dentro da sociedade civil, especialmente, cada indivíduo, perseguindo seu interesse, satisfaz, involuntariamente, as exigências de uma ordem global. Mostraremos que a teoria positiva do capital serve-se de um processo comparável.

O *capital*, o *ardil*, o *encanto*

Comte dispensa as teorias filosóficas e econômicas do século XVIII que baseiam os relacionamentos sociais sobre motivações egoístas, ressaltando a necessidade material e do amor de si. Para ele, o interesse, que, certamente, não é alheio a nossas ações quotidianas, não é entretanto o único impulso das práticas sociais. A natureza humana envolve uma tendência social, mas esta tem poucas oportunidades para se manifestar, não porque seria naturalmente destinada ao domínio do egoísmo, mas porque as inclinações à solidariedade são demasiadamente fracas para produzir, elas mesmas, com a própria força, efeitos sociais. Essa falta de energia das boas inclinações é agravada pelas conseqüências anti-sociais das necessidades materiais, que nos colocam numa situação nitidamente mais propícia ao desenvolvimento do egoísmo e do individualismo.

Por conseguinte, o "grande problema humano", "subordinar o egoísmo ao altruísmo", não poderá ser resolvido por mecanismos imanentes às disposições naturais dos indivíduos considerados separadamente uns dos outros. Qualquer solução para o problema da *sociabilidade* do indivíduo passa pela mediação da organização social, pelos efeitos de retorno da *associação*, mesmo se a sociabilidade estiver na origem de um fundamento natural. Aquilo que a perspectiva social ou sociológica aponta justamente é que a cooperação produz *tendencialmente* efeitos de socialização que se traduzem, com o tempo, em uma forma de conversão dos indivíduos que consiste em uma inversão de prerrogativas entre o egoísmo e o altruísmo. Trata-se de uma forma de *conversão*, e não apenas de uma substituição de valores, na medida em que o altruísta, longe de renunciar à sua pessoa, deve muito bem amar a si mesmo para poder amar o outro e para desejar ao outro aquilo que há de mais desejável. Comte analisa esse processo em sua teoria socioeconômica do capital, que não é uma teoria do capitalismo no sentido atual da palavra, uma vez que o projeto sociopolítico ao qual a noção de capital é aqui integrada se opõe, intencionalmente, ao cinismo da economia de mercado.

A existência social, explica Comte, é tributária de duas condições materiais das quais se induzem duas leis econômicas: de um lado, cada homem pode produzir além daquilo que consome; de outro, os produtos podem ser conservados além do tempo que exige sua reprodução. A conservação de um excedente permite a formação, a acumulação e a transmissão das riquezas, sem o que as necessidades materiais condenariam o homem a levar uma existência egoísta. E como a especialização do trabalho dentro de um tipo de produção exige que os outros produtos necessários possam se transmitir através de doações ou trocas, a fim de satisfazer todas as necessidades, a separação dos ofícios e a reunião de esforços sobre as quais repousa a harmonia social se apóiam em definitivo sobre a instituição dos capitais. É fácil observar, nota Comte, que, dentro de uma civilização desenvolvida, cada praticante depende dos outros pelos instrumentos que utiliza (o agricultor depende do ferreiro, este do metalúrgico, etc.), mais ainda do que pelas provisões que consome.

Portanto, para Comte, a cooperação é indissociável de um processo de *capitalização, estocagem* e *circulação*, e é isso que faz finalmente o valor social: o hábito de trabalhar num processo que nos liga aos outros a montante e a jusante de nossa atividade, e que nos reúne todos no tempo, libera a vocação natural de nossas inclinações para a simpatia e favorece de modo durável o altruísmo. Mesmo a vida guerreira, singularmente dominada pelas inclinações pessoais, suscita a dedicação, recorrendo à ajuda recíproca, como o atesta sua antiga reputação de treinamento para as virtudes sociais. Esse fenômeno pelo qual se opera uma revolução no sujeito só pode se generalizar à medida que a vida pacífica e industrial se estenda, desde que cada um interiorize afetivamente o processo do qual participa.

A passagem do egoísmo ao altruísmo encontra então uma solução dentro do seguinte esquema: assim que somos colocados dentro de uma situação própria para liberar e favorecer as inclinações sociais, estas, em virtude de seu *encanto*, substituem e dirigem uma conduta que não teriam podido inspirar inicialmente. A idéia de uma transfiguração da atividade individual é comum a Comte e a Hegel. Mas o papel geral da atividade individual não tem o mesmo sentido para os dois autores: enquanto para Hegel as paixões particulares são, como tais, captadas sorrateiramente pelo universal, para Comte, o universal *já está lá*, potencialmente inscrito dentro da afetividade humana sob a forma de uma disposição que a atividade social estimula remetendo-a a seu próprio *encanto*.

As classes: luta ou cooperação?

Comte rejeita antecipadamente uma noção de *classes* baseada na idéia de uma *luta de classes*. O marxismo-leninismo difundiu uma concepção de classes indissociável de uma relação social de antagonismo, sobretudo fundada sobre a oposição entre dominantes e dominados, e de um projeto visando à supressão das classes e ao desaparecimento da propriedade. Em Comte, ao contrário, todo progresso social passa por uma *divisão-repartição* equilibrada pela *cooperação*, fator indispensável à organização da sociedade. Essa tese pode ser explicada a partir da dupla referência a Adam Smith e a Aristóteles.

Por causa de Adam Smith, Comte considera que o estado social supõe em primeiro lugar a *divisão do trabalho*.

> Todos sabem, hoje em dia, por exemplo, que é impossível conceber no espírito humano qualquer progresso real e durável, nesse estado da sociedade em que cada indivíduo é constantemente obrigado a prover para si mesmo sua subsistência. (CPSS, 143)

A divisão capital entre *teoria* e *prática*, concretizada pela constituição de duas classes distintas, uma especulativa, outra ativa, corresponde a um modo de existência social avançado, que por sua vez decorre do aperfeiçoamento da ciência e da indústria. Isso significa que "a formação dos conhecimentos humanos supõe, previamente, um estado social já bastante complicado" (CPSS, 143).

Comte recorre igualmente à teoria de Aristóteles, que coloca o caráter essencial de toda organização coletiva na complementaridade da *separação dos ofícios* e *cooperação*, conciliação entre a *unidade* e a *diversidade* dos meios.⁷ A especialização das funções só tem significação orgânica para Comte se a distinção for acompanhada da solidariedade dos órgãos. Assim, o governo, entendido como uma reação do todo sobre as partes ou do conjunto sobre o detalhe, desempenha seu papel velando para que a separação dos ofícios não derive para a dispersão em uma multidão de corporações incoerentes.

A noção de *função* entendida no sentido de uma missão adequada aos diferentes componentes sociais, ajustada a suas competências naturais, é uma noção mais ampla do que a de divisão do trabalho. Comte hipostasia a divisão do trabalho sob a categoria de função, categoria social por excelência, como ele afirma no fim de sua vida contra uma interpretação matematicista. Essa categoria fornece um modo de distribuição social em *classes*, segundo uma utilização do termo que remete à idéia de *classificação*. Existem classes na sociedade como existem no mundo animal, nos fósseis, etc., e reciprocamente. A noção de classe social não tem portanto para Comte senão um valor relativo, considerando que toda classificação provém de uma elaboração teórica que supõe escolhas e implica, em graus diversos, uma parte de incerteza e de arbitrário.

A classificação aplicada à sociedade leva em conta vários tipos de critérios, dos quais o principal tem relação com a distribuição das próprias funções. Dessa forma, falaremos da classe militar, da classe sacerdotal, do patriciado. Na medida em que as mulheres e os proletários preenchem uma função bem precisa, dentro do programa comtiano, dentro do poder espiritual, não deveríamos falar também de *classes* a seu respeito? Comte designa-as

---

7. Cf. *A política*, de Aristóteles; por exemplo, I, 1, 1252a 26-32 e III, 9, 1280b 20-35. Para Aristóteles, a associação de seres diferentes, porém complementares, é "finalizada" por uma obra comum que conduz à "autarcia" do todo.

com freqüência como classes, quando se trata da reorganização da sociedade; mas, às vezes, também, ele precisa que nenhuma dessas categorias forma "uma classe propriamente dita" (SPP, IV, 81); o equívoco da palavra *peuple* em francês (a nação inteira ou então a massa popular, como ocorre em português com *povo*) dá-lhe ocasião de indicar que "os proletários não formam de modo algum uma verdadeira classe, mas constituem a massa social, da qual emana, como tantos órgãos necessários, as diversas classes especiais" (Ens, 229).

O grau de *generalidade* e de *abstração*, ao qual se acrescenta o grau de coordenação da atividade, para uma função determinada, fornece um critério de classificação hierárquico. O exército dá uma perfeita ilustração desse princípio: os agentes menos gerais são subordinados aos mais gerais, até o posto superior de *general*. Segundo esse princípio, a hierarquia ascendente dentro das atividades materiais vai dos agricultores aos banqueiros, passando pelos fabricantes e comerciantes. A concentração das responsabilidades materiais no patriciado coloca à frente essa classe:

> Ao se organizar as classes humanas segundo sua aptidão para representar o Grande Ser, a importância e a dificuldade dos serviços próprios ao patriciado, como a educação que exigem e a responsabilidade que impõem, colocam-no sempre acima do proletariado. (Cat, 191)

O princípio dessa hierarquização se deve ao fato de que, na atividade material, a *dignidade* cresce com a generalidade e a abstração, ao passo que a *independência* segue o movimento inverso. Os trabalhadores socialmente pouco considerados (os camponeses) são também aqueles cuja utilidade é a mais direta e a menos contestável, de maneira que, a rigor, refreando seus desejos, eles seriam capazes de viver em autarcia. As operações particulares e concretas respondem às necessidades indispensáveis. Na atividade especulativa, a coisa é diferente: a urgência não existe e a abstração e a generalidade podem se conciliar com a independência. Acontece que o pensador precisa, para se alimentar, do trabalho dos outros e, por esse motivo, ele é dependente. De todas as maneiras, o pensador é respeitado pela generalidade e abstração de sua tarefa. O que não quer dizer que seja rico...

Na verdade, a *riqueza* não caminha junto com a *consideração*. Comte rejeita a idéia de uma repartição das riquezas calcada na participação social. Segundo uma lei natural, a riqueza se desenvolve em função de dois fatores, a generalidade e a utilidade direta. Enquanto a utilidade material imediata constitui na economia moderna a principal fonte de riqueza, os trabalhos especulativos devem encontrar sua justa recompensa em consideração e em veneração... Por maior que seja a utilidade final de um trabalho, ele traz poucas vantagens pecuniárias se só puder ser o objeto de uma apreciação indireta, longínqua e confusa. Assim se explica que os herdeiros dos grandes astrônomos não sejam imensamente ricos, ainda que cada expedição marítima seja indiretamente devedora das descobertas desses cientistas!

Vê-se, conseqüentemente, que Comte leva em consideração a questão moral da divisão do trabalho: a especialização corre o risco de acentuar o egocentrismo e minimizar a sociabilidade. Dessa perspectiva, as relações de dependência entre as atividades humanas, a divisão entre a teoria e a prática, os graus de generalidade e de abstração, separam os trabalhos para reuni-los, atando-os pelos laços de subordinação; são essas articulações, e não a divisão em si, que permitem identificar as noções de *sociedade* e de *civilização*.

Os *círculos medianos: as cidades, a pátria*

Comte considera que as classes estão para a sociedade como os tecidos estão para o ser vivo, e que as cidades são os órgãos da Humanidade. Lares da civilização (de *civitas*, a cidade), elas exprimem uma escala intermediária dentro da extensão dos laços sociais por círculos concêntricos, ao mesmo tempo que uma ancoragem coletiva dentro de um território e de uma língua. Cada família tem seus vínculos no ser humano através da linguagem, no planeta através da propriedade territorial. A cidade é o centro de um espaço circunscrito às relações habituais entre as famílias. Essa filosofia das localizações e das transmissões que valoriza a casa, o solo, a sedentariedade, é coerente com um pensamento relativista que dessacraliza o mito de um *outro lugar* ou a ilusão da transcendência.

Levando a sério a escala comum das relações humanas e os sentimentos de solidariedade associados a uma proximidade que ainda ocorre em nossos dias, Comte pretende afastar toda visão utópica da sociedade. Da família à Humanidade, o intervalo é exorbitante, ao mesmo tempo para o coração e para o espírito. O patriotismo é portanto o intermediário necessário entre o afeto doméstico e o amor universal. Numa carta para Tholouze de 26 de agosto de 1852, Comte precisa que a pátria é mais que um "simples artifício científico"; com certeza, a noção se tornou vaga devido à extensão desmesurada dos Estados, mas o sentimento bem real que animava os romanos pode ainda ser observado, destaca Comte, em pequenos países, tais quais a Suíça, a Irlanda, a Savóia e Portugal. Essa teoria das *mediações* testemunha ainda a favor do realismo de Comte e mesmo de um realismo *pedagógico*: com efeito, encontra-se de maneira significativa esse movimento do particular para o universal no princípio pedagógico segundo o qual a aquisição de fatos, em história, deve proceder partindo do presente, e voltando *progressivamente* para o menos conhecido.

Entretanto, não se pode objetar que a pátria vira o particular contra o universal e desempenha o papel inverso àquele que é esperado? Cedendo ao otimismo de sua época, Comte acha que o patriotismo e a guerra são ligados durante um período histórico, mas que sua ligação nada tem de definitiva. Na época militar, as cidades eram rivais, seja por pretender dominar, seja por resistir a uma dominação forçada, e a atividade guerreira opunha sempre os homens. Ao contrário, o Estado industrial faz as cidades convergir espontaneamente, atribuindo-lhes uma tarefa exterior, relativa ao planeta, dirigida portanto no sentido de uma meta potencialmente universal. Fazia-se guerra pela pátria; agora, trabalha-se pela Humanidade. O positivismo inclina o patriotismo no sentido do aperfeiçoamento incessante da cidade. Cada cidadão deve amar sua pátria sem nunca dissimular suas imperfeições, mas sempre se esforçando para adaptá-la ao serviço da Humanidade.

A Humanidade: deusa moderna?

Com a noção de *Humanidade*, encontra-se a participação, já evocada no primeiro capítulo, da filosofia social de Comte numa forma de *socialismo* tipicamente francesa. O socialismo que se constituiu em força política coerente ao final do século XIX, na França, emprega, na origem, uma gama muito variada de componentes teóricos, que recortam em parte as diferentes concepções filosóficas da Humanidade forjadas por volta dos anos 1840. Como essas doutrinas desempenharam um papel nada desprezível na definição *francesa* desse movimento, sua confrontação seria inevitável. Contentemo-nos aqui em mostrar a oposição entre Comte e Pierre Leroux.[8] Enquanto, para Comte, a Humanidade possui uma consistência própria que reduz o alcance de qualquer abordagem infra-sociológica do homem, para Leroux, ao contrário, é o homem que é real. "Nenhum homem existe independentemente da humanidade, e, todavia, a humanidade não é um ser verdadeiro; a humanidade é o homem, ou seja, os homens, quer dizer, os seres particulares e individuais".[9] Mas, dessa perspectiva, o que é a humanidade? Leroux cria a partir daí um princípio de intersubjetividade, ou melhor, o princípio de um reconhecimento mútuo; resumindo, uma ligação e não um sistema, o que permite conciliar o fato da *individualidade* com a idéia de uma *solidariedade* natural dos seres.

De seu lado, Comte, a partir de 1845-48, caracteriza a Humanidade com uma série de metáforas e de designações das quais cada uma enriquece a concepção por meio dos elementos conceituais originais que ela transporta.

Considerada como uma extensão da família e da pátria, a Humanidade se caracteriza como a mais vasta associação. Ela é a "comunidade pátria" ou a "família universal" (SPP, IV, 25). A metáfora associativa põe em relevo o critério da *universalidade*, em relação com o sentido da história, uso que numa certa medida limita a pertinência ao domínio (cosmo)político: o desenvolvimento da civilização tende para a unificação dos povos particulares em uma sociedade mundial.

---

8. Pierre Leroux (1797-1871) foi o primeiro "utopista" a falar de "socialismo" para qualificar sua doutrina. Vendo em Jesus "o Buda do Ocidente, o destruidor das castas", esse amigo de George Sand busca também promover um cristianismo racional. Seu papel fundador no movimento socialista foi oficialmente reconhecido pelo Partido Socialista em 1990.
9. P. Leroux, *De l'Humanité* (1840), Paris, Fayard, Corpus, 1985, p. 191.

Considerada, por outra parte, estruturalmente, como uma totalidade que possui uma consistência própria, a Humanidade é "um imenso organismo", ou, mais precisamente, o "organismo mais complexo". Esse macroorganismo possui de modo superlativo os atributos dos organismos individuais: ele manifesta um "consenso universal", uma interdependência das partes, uma subordinação à necessidade exterior, uma ação sobre o meio, naturalmente fora de proporção em relação aos seres biológicos. Por outro lado, a metáfora orgânica funciona aí ainda como uma analogia parcial e indutiva. Pois esse grande organismo se compõe de vidas "realmente separáveis".

Isso faz da Humanidade uma totalidade única, singular. Em vez de uma macrossociedade, a Humanidade é análoga a um *macroindivíduo*. Daí a designação de "Grande Ser", que lembra, num outro contexto, a noção antiga de "grande animal" aplicada (equivocadamente, precisa Comte) ao mundo. A individualidade do "Grande Ser" é justificada pela homologia do indivíduo e da espécie, que tem o *status* de uma homologia completa, diferente da metáfora orgânica (se aceitamos distinguir organicidade e individualidade): o desenvolvimento do indivíduo reproduz o da espécie. O "Grande Ser" é "dirigido pelo sentimento, esclarecido pela inteligência e sustentado pela atividade" (Cat, 125).

Essa totalidade singular é portanto, devido à sua própria individualidade, inteiramente relativa. No plano religioso, o "Grande Ser" é o novo "Ser Supremo", mas, diferente do Deus antigo, sua existência se inscreve no tempo e no espaço e se oferece à investigação científica. A Humanidade substitui um Deus isolado, absoluto, incompreensível; a vida do "Grande Ser" se opõe à "inércia do antigo Ser Supremo, cuja existência passiva só era suspensa por inexplicáveis caprichos" (Ens, 359).

Ao lado dessas metáforas e designações, Comte define o "Grande Ser" como "o conjunto de seres passados, futuros e presentes, que concorrem livremente para aperfeiçoar a ordem universal" (SPP, IV, 30), ou ainda, em resumo, como o "conjunto de seres convergentes". A noção de *conjunto* é essencial nesse ponto: se o "Grande Ser" se compõe de elementos separáveis, seres individuais ou coletivos, livres, em definitivo, de cooperar, oferecer sua participação à vida do todo, na participação no todo, todavia, o afastamento individual se apaga em benefício da incorporação. Os componentes do "Grande Ser" são, sob o ângulo da atividade e da produção particularmente, "órgãos" individuais a serviço da "universal solidariedade". São excluídos do "Grande Ser", por outro lado, os indivíduos que não emprestariam seu concurso ao aperfeiçoamento universal, ou seja, os oponentes da harmonia humana (Nero, Robespierre, Bonaparte, etc.) e todos os "parasitas" que rompem a continuidade da Humanidade interrompendo a transmissão de seu patrimônio. O "Grande Ser" é portanto uma totalidade moralmente "finalizada", que alcançará a realização da unidade humana, individual e coletiva, quando amar, saber, querer e poder se equilibrarem.

Comte salienta a *realidade* do "Grande Ser" exibindo suas características espaço-temporais. Em seu vocabulário, trata-se de pôr em evidência a *solidariedade* e a *continuidade* da Humanidade.

a) A "coabitação forçada" sobre o planeta fornece um laço primordial de *solidariedade*, a solidariedade que designa o concurso dos homens no tempo presente.[10]

---

10. A idéia de *solidariedade* está igualmente presente em Leroux e nos fourieristas para designar uma lei da natureza. Ela é retomada dentro de um contexto a um só tempo sociológico e político, ao final do século XIX, pelo *solidarismo*, que tinha como principal teórico Alfred Fouillée (1838-1912) e como principal representante político Leon Bourgeois

A Humanidade se forja pela consciência comum de pertencer a uma mesma espécie, ela se consolida ao se atribuir tecnologicamente um domínio de atividade coletiva voltado para uma meta exterior, potencialmente comum a todos.

b) Comte fornece, sob o ângulo da *continuidade*, ou seja, do laço histórico das gerações, aquilo que se poderia chamar uma prova genealógica da existência do "Grande Ser". Temos dois pais; cada um desses pais tem por sua vez dois pais; considerada do ponto de vista da família, essa subida na árvore genealógica conduziria cada indivíduo a se atribuir vários milhares de ancestrais numa época em que o planeta contava apenas, no máximo, com milhões de habitantes. Esse paradoxo mostra que, na verdade, cada um divide ancestrais comuns com muitos outros indivíduos. Comte conclui a partir daí que os homens são descendentes, mesmo fisicamente, da Humanidade, não de famílias isoladas.

A *realidade* do "Grande Ser" se manifesta através de suas produções e, por exemplo, pela instituição da linguagem, cuja paternidade não poderíamos atribuir ao indivíduo, nem tampouco à família. Como no caso da propriedade, esse tesouro se acumula e se transmite, mas sempre coletivamente. Comte não acredita na hipótese de uma língua construída com todas as peças, inventada na solidão. "Os maiores esforços dos gênios mais sistemáticos não teriam conseguido construir pessoalmente nenhuma língua real" (SPP, II, 220). Instrumento universal

---

(1851-1927). Segundo essa doutrina, a *solidariedade* se estende à *continuidade*. O homem tem, desde seu nascimento, uma dívida em relação a toda a sociedade, incluindo as gerações do passado, quer dizer que cada um deve à sociedade e às gerações futuras o equivalente ao que ele recebeu graças ao esforço de todos. A teoria dos direitos e deveres decorre de um exame científico da ligação das partes ao todo, da interdependência dos elementos sociais. Assim, podemos definir o *solidarismo* como um socialismo reformista apoiado em uma sociologia aplicada.

de comunicação, fruto de um trabalho coletivo, a linguagem exprime articulações conceituais significativas, ancoradas na experiência milenar dos homens e de seu bom senso. Elaborada, conservada, desenvolvida pelo "Grande Ser", ela aparece como o "fiel depositário espontâneo da sabedoria universal" (SPP, I, 687). Fator de sociabilidade, ela liga o homem ao mundo, o dentro ao fora, e desempenha na existência de cada um de nós um papel estabilizador.

Entidade fundamentalmente histórica, o "Grande Ser" existe em essência no passado e no futuro, e pesa sobre o presente com o "peso total das gerações anteriores" (SPP, II, 363). Ele se constitui essencialmente de mortos. Estes governam os vivos, e cada vez mais. Comte exprime isso no positivismo religioso dizendo que "a existência objetiva" é passageira e que é na "existência subjetiva" que o indivíduo, de início simples "servidor", se torna um verdadeiro "órgão" do "Grande Ser". Cada vez mais, a realidade objetiva do "Grande Ser" encolhe, sem se anular completamente; cada vez mais, a ordem subjetiva domina a ordem objetiva. A vida se apresenta como uma seqüência de preparativos que se aproximam da incorporação do "Grande Ser": os homens governam aqueles que vivem por aqueles que viveram para aqueles que viverão.

As raças: a unidade das diferenças

É na dupla problemática das *divisões-repartições* e dos *equilíbrios* fundados sobre desigualdades articuladas que se inscreve a teoria comtiana das raças. Sobre essa questão, tão rapidamente deformada pelo olhar do século XX, e ao mesmo tempo tão importante para a história das idéias, a concepção comtiana nos parece reveladora de uma linha teórica bem ancorada, em seguida, na ideologia da Terceira República: em oposição, de um lado, às concepções que qualificaremos hoje de "racistas" (heterogeneidade radical das raças), de outro, com as concepções diferencialistas, relativizando o alcance do comparatismo (homogeneidade da humanidade, mas incomensurabilidade das normas culturais).

Para Comte, as três grandes raças que compõem a Humanidade se diferenciam atualmente pelas etapas às quais conseguiram chegar na marcha histórica que percorre os continentes com velocidades desiguais. Elas diferem por uma predominância da *atividade* (asiáticos), do *sentimento* (africanos) ou da *inteligência* (europeus), que, aliás, não constitui em si nenhum privilégio. Na visão planetária de Comte, trata-se de tirar vantagem dessas diferenças articulando-as, fazendo-as coincidir na unidade fundamental da espécie humana.

Três traços caracterizam a concepção comtiana sobre esse tema: primeiramente, Comte só admite variações de intensidade, acentuação e velocidade, por sinal provisórias. Da mesma forma, ele se opõe explicitamente "à irracional noção de raças" (SPP, II, 449) que defende a tese de uma disparidade radical. Em segundo lugar, essa diversidade é um dado empiricamente observável, um fato entre outros que é preciso explicar. Esse fato não implica por si mesmo nenhuma valorização, e as desigualdades de fato não são aqui interpretadas em termos de dignidade. Enfim, Comte atribui essa diversidade à sedimentação natural de influências locais transmitidas hereditariamente. A raça é, então, o resultado de um processo de diferenciação que se deve ao meio e não a uma diferença originária que seria irredutível ou moralmente significativa.[11]

---

11. Parece-nos que o escritor Anatole Thibault, conhecido como Anatole France (1844-1924), militante defensor de Dreyfus e anticolonialista, se inscreve nessa linha teórica quando diz: "não existe raiz que seja mais nobre que outra. No entanto, a noção de raça responde a uma realidade

Compreenderemos então que esta morfossociologia[12] das solidariedades em dimensão planetária é indissociável de uma *dinâmica* que considera a história como um processo de *atualização* da unidade humana. As diversidades nacionais, que se mantêm sobretudo pelas circunstâncias locais, são relativizadas na marcha progressiva da civilização. Ao longo da evolução global, cada nação se torna representativa de toda a Humanidade e as diversas sociedades se encaminham para sua unificação numa sociedade mundial.

---

sensível. Homens que têm em comum a mesma maneira de viver acabam sempre por se reunir, qualquer que seja sua ascendência, pois o começo de todas as coisas nos permanece oculto" ("Sobre o anti-semitismo", "Courrier viennois", fim de março de 1904).

12. Tomamos emprestada essa feliz expressão de François Dagognet, para quem a filosofia de Comte foi particularmente inovadora dentro do pensamento dos "lugares" e das "ancoragens"; cf. "D'une certaine unité de la pensée d'Auguste Comte: science et religion inséparables", *Revue philosophique*, 1985, nº 4, p. 403-22.

4
A história

A historicidade em questão

Alguns pontos da *filosofia da história* de Comte, assim designada pelo autor, sofreram uma série de críticas. Ela defende, dizem, uma visão determinista, uma visão que não leva em conta o acaso, nem a pluralidade dos indivíduos, nem sua capacidade de autodeterminação (P, 50: "Involuntariamente, pertencemos a nosso século"), e que deforma os fatos a fim de atravessar em silêncio as bifurcações reais da história; a tese comtiana seria em relação a isso uma matriz da ideologia do progresso difundida no século XIX.[1] A idéia de um progresso fatal, de um curso linear sem estagnação nem regressão, choca o senso moral: ela significa que o negativo (por exemplo, as expedições militares ou a escravidão na Antiguidade) desempenha uma função positiva dentro da história, que um mal aparente não apenas é considerado necessário, mas até se apresenta como um bem relativo. Outra objeção:

---

1. Encontramos essa crítica já no século XIX, por parte do neocriticista Charles Renouvier (1815-1903). A filosofia da liberdade de Renouvier exerceu influência considerável sobre o ensino da Terceira República, concorrendo com o positivismo, de um lado, e com o ecletismo do outro. Um filósofo-educador como Emile Chartier, cognominado Alain (1868-1951), que reivindica a herança de Comte, manifesta igualmente a inspiração antideterminista dos neocriticistas.

o caráter científico da sociologia pode ser recolocado em questão, seja porque Comte se enganou radicalmente em suas previsões, seja, censura inversa, porque a lei dos três estados não é falsificável.[2] Enfim, essa filosofia da história é rejeitada por seu estatuto, em benefício de um discurso puramente histórico, excluindo por princípio todo pressuposto filosófico.

Para avaliar a pertinência desses críticos, tentemos reconstituir os grandes princípios dessa filosofia da história reunindo as indicações esparsas, suscetíveis de esclarecer a concepção comtiana da historicidade na obra dentro da abordagem *dinâmica* da sociedade. Mas, antes, como explicar a importância desse tipo de abordagem dentro da perspectiva de Comte?

A filosofia de Comte é, por seu próprio projeto, inteiramente voltada para o *presente*. Mas o presente, em si mesmo inconsistente, escapa a qualquer tentativa de apreensão direta. Do mesmo modo, Comte descobre bem cedo a necessidade, para esclarecê-lo, de traçar primeiro a trajetória completa do movimento histórico, indo do passado para o futuro. Assim, o presente, cronologicamente mediano, sofre um deslocamento logo que se torna objeto da investigação filosófico-histórica e se reencontra ao final do empreendimento, como o objetivo ou a meta que confere a ela sua finalidade:

> A ordem cronológica das épocas não é de modo algum a ordem filosófica. Em vez de dizer: o passado, o presente e o futuro, é preciso dizer: o passado, o futuro e o

---

2. Karl Popper (1902-94) utiliza a noção de falsificabilidade como um critério de cientificidade. Uma ciência, para ser assim qualificada, deve incluir as condições de sua eventual refutação. Pode-se ver, diz particularmente Michel Serres, que, com a lei dos três estados, ganha-se de todos os modos; cf. "Paris 1800", *Eléments d'histoire des sciences*, Bordas-Cultures, 1989, p. 357.

presente. Na verdade, é só quando, pelo passado, se concebe o futuro, que se pode voltar de maneira útil ao presente, que é apenas um ponto, de maneira a capturar seu verdadeiro caráter. (P, 100)

Daí a importância da história. Esta toma por objeto o desenvolvimento integral da inteligência em suas formas de atividade mais diversas. Esse desenvolvimento obedece a uma lei de evolução que já descrevemos, a lei dos três estados. A civilização inteira obedece a esse princípio de encadeamento. A *civilização* não designa nem a progressão exclusiva do espírito (Comte não é "espiritualista"), nem a progressão exclusiva das condições materiais (Comte não é "materialista"), mas o todo, formado pela ligação dos dois desenvolvimentos:

> a civilização consiste, propriamente falando, no desenvolvimento do espírito humano, de um lado, e, de outro, no desenvolvimento da ação do homem sobre a natureza, que é a conseqüência. Em outros termos, os elementos dos quais se constitui a idéia de civilização são: as ciências, as belas-artes e a indústria, esta última expressão tendo sido tomada no sentido mais amplo, aquele que eu sempre lhe dei. (P, 86)

O estado da arte, das ciências, dos costumes, das técnicas, da política, está em toda época em harmonia com o regime do espírito correspondente. Os diferentes aspectos da civilização se reconfiguram a cada época, adequando-se a um novo regime, mas não se conformam a nenhum modelo transcendente. Logo veremos: a história é feita de evoluções *conexas* que manifestam a solidariedade das diferentes ramificações da atividade humana. A dinâmica imanente é garantida pelo trabalho interno do espírito positivo que se traduz pelos deslocamentos entre as diferentes séries, por exemplo através de um avanço de opiniões sobre as instituições. Globalmente, as mutações científicas condicionam a vida social que, por sua vez, torna possível, ou exige, um novo desdobramento do espírito científico. Está tudo associado e, no detalhe, as evoluções setoriais se condicionam mutuamente. A prioridade na exposição se desloca em conseqüência da série de onde veio o impulso que abalou as outras séries. Ora, segundo Comte, e diferente de Marx, o impulso inicial emana, em última análise, de uma transformação *intelectual*, e não do modo de produção. O fio condutor da história que é contada por Comte é a evolução intelectual do homem.

Comte considera a Humanidade em sua identidade de fundo e a representa, conforme Pascal e Condorcet, como um só povo, quer dizer, como um *sujeito coletivo*. A história de que fala Comte é a história universal. A Humanidade segue uma evolução global. Podem-se observar entre os povos apenas diferenças de maturidade, devidas ao fato de essa curva percorrer os continentes em velocidades desiguais. Uma tal concepção submete a história ao espírito de conjunto. Ela desqualifica as compilações eruditas e os trabalhos especializados que cometem o erro de fragmentar a grande evolução em histórias locais. Ela condena antecipadamente o empirismo etnológico que exalta os particularismos culturais.

A idéia de Humanidade não é substituída pelo estudo dos diversos povos: ela impõe uma direção metodológica a essa pesquisa, que deve consistir em explorar as etapas sucessivas de um mesmo encadeamento. Desse modo, acha-se legitimado o *comparatismo*, procedimento que permite descrever o estado arcaico, primitivo, da sociedade mais avançada em relação ao estado atual das sociedades consideradas como as menos evoluídas e qualificadas justamente por isso como "primitivas". A história global não cria obstáculo para a investigação etnológica, ela lhe define um método e lhe fixa uma meta. Digamos, em termos equivalentes que, assim que é fundada uma sociologia, um caminho se abre à etnologia: "Será o caso, quando esta nova ciência for suficientemente estabelecida, de perseguir importantes especulações, até então prematuras, sobre a progressão social das diferentes populações que, por diversos obstáculos assinaláveis, tiveram de permanecer mais ou menos atrás do grande movimento que nós estudamos" (C, 1. 57, II, 691).

A marcha da civilização segue uma progressão *contínua*, cujas fases são determinadas por um movimento *imanente*. Cada etapa da evolução desenvolve intrinsecamente as condições de possibilidade da passagem do espírito à etapa seguinte, ao mesmo tempo que realiza aquilo que os momentos anteriores haviam gradualmente esboçado. Cada etapa deixa entrever qual será a seguinte à medida que se esgotam suas potencialidades. A evolução é contínua, mas não constante, não linear, posto que admite patamares, momentos fortes e revoluções. Essa ligação sem ruptura é assumida pela transmissão de um patrimônio universal a um só tempo material e espiritual, herança coletiva que cada um deve considerar com humildade como um recurso quase providencial. Quer seja em relação à adoração fetichista, às instituições medievais ou ao Islã, Comte inscreve sempre seu projeto político e religioso dentro de uma filiação, tomando cuidado em mostrar que ele corrige as imperfeições do esquema antigo pela atribuição a este de uma orientação e de um conteúdo novos, adequados ao estado positivo.

A marcha da civilização é *ascendente*. Cada etapa marca um progresso em relação à etapa anterior e suscita felizes inspirações que guiarão a seguinte. O progresso realizado sobrevive às formas circunstanciais que o suscitaram. Ele é irreversível. As retrogradações (a era napoleônica, por exemplo) são apenas parciais, e elas só atrasam um movimento de inelutável ascensão.

Uma história parcial (incompleta), ignorando a lei da evolução, corre o risco de ser também *parcial*: a metáfora orgânica indica que é preciso julgar as instituições em sua maturidade sem as isolar do trabalho subterrâneo que favoreceu seu crescimento no passado e que continua a suportar o presente. Diferente dos filósofos das Luzes, Comte recusa o desprezo por uma época inteira como a da Idade Média. A cada época, as mentalidades, as crenças, as práticas, são adequadas ao regime do espírito ao qual a civilização chegou, e aparecem como as melhores possíveis para esse estado determinado. Ainda que ninguém tenha jamais demonstrado "a não-existência de Apolo, de Minerva, etc., e tampouco a das fadas orientais ou de diversas criações poéticas", o espírito humano acabou por dispensar esses dogmas "quando eles, por fim, cessaram de convir ao conjunto de sua situação" (EP, § 32).

Notemos de passagem que essa observação esclarece um aspecto essencial do pensamento comtiano. Ela exprime a idéia de uma positividade que se afirma sem mediação, a favor de uma extinção. Há uma tripartição, com o estado teológico, a transição metafísica e o estado positivo, e Comte descreve bem a metafísica como sendo um movimento de negação. Mas se a destruição do antigo beneficia a emergência do novo, contido em germe desde a origem, isso não quer dizer que a negação do teológico traga em si mesma a afirmação do positivo. A positividade é antes uma superfície que se alarga à medida que as idéias absolutas recuam. Não há *dialética* em Comte, se entendemos isso como sendo o método das mediações que pretende *interiorizar o negativo*.

Daí, salientemos, o desprezo de Comte, por vezes mal compreendido, pelo *ateísmo*: é importante para Comte demarcar para si uma posição que, segundo ele, não faz senão parodiar a positividade. O ateu raciocina como se a afirmação do positivo fosse tributária de uma negação (a demonstração da inexistência de Deus), ou mesmo como se a negação pudesse bastar, enquanto de fato, como o indica a citação precedente, o recuo das idéias absolutas cria por si próprio um espaço em que a positividade pode se expandir. O ateísmo, que diz respeito a uma "persistência anárquica", significa desconhecer o próprio princípio da história e, assim, atrasa o advento definitivo da sociologia positiva.

Não há progresso sem "uma progressão contínua no sentido de uma meta determinada" (EP, § 45). O progresso histórico representa o desenvolvimento de uma ordem imutável, a das leis fundamentais da natureza humana. A história não está em ruptura com a natureza: o estado social do homem não deve ser entendido como uma contranatureza, nem sequer como uma segunda natureza. A passagem da civilização militar para a civilização industrial, do absoluto para o relativo, da impossibilidade de uma síntese objetiva para a realização de uma síntese subjetiva, ou ainda do antropomorfismo para a objetivação do mundo exterior, desenvolve cronologicamente não uma Idéia lógica como em Hegel, mas antes uma ordem *natural*, que tem seu fim, nos dois sentidos, de meta e realização, no estado positivo em que o progresso científico prosseguirá sem dar lugar a um regime novo. O otimismo de Comte consiste em ver nesse processo a dominação crescente de nossas inclinações mais nobres, um equilíbrio das tendências iniciais, o ajuste das capacidades e das exigências, dos meios e dos fins.

O progresso deve ser estudado principalmente em seu *centro* de elaboração. Se o afresco que retrata a história universal representa mais amplamente o Ocidente, é porque esta parte do mundo, graças a seu desenvolvimento precoce, oferece de fato a ilustração mais completa da lei da evolução; mas não se deve perder de vista que esta última autorizaria de direito um relato sem nomes de povos. A exposição de Comte é guiada por uma preocupação pedagógica. O modo grego e o modo romano, por exemplo, se relacionam a "situações gerais que só poderiam se qualificar abstratamente por locuções complicadas demais" (C, 1. 53, II, 313): os povos são, portanto, *figuras* concretas nas quais se realiza o desenvolvimento do espírito humano.

A marcha da civilização segue um curso *necessário* e *invariável*. A história não poderia ser objeto de uma ciência se fosse uma sucessão de eventos acidentais ou de iniciativas pessoais. As intervenções dos indivíduos, em particular dos grandes homens, aceleram, ou desaceleram, um movimento cuja orientação é fixa. Comte repete que "nada de capital é fortuito" (C, 1. 53, II, p. 320, cf. também p. 313). A história tem um *sentido* e esse sentido é conhecido.

Tendo exposto esses princípios teóricos, gostaríamos de mostrar quais perspectivas de pesquisa eles abrem concretamente e, para isso, esboçar em traços largos o afresco histórico que, sobre vários pontos, permite capturar a representação comtiana do presente, ela mesma essencial para explicar com clareza o projeto positivista.

O *fetichismo: quase-alucinação das origens*

O conceito de fetichismo percorreu as margens da filosofia. Esse nomadismo conceitual deve reter nossa atenção. Seria vão buscar na forma inicial do conceito a consagração de uma figura transparente, equivalente a um sentido próprio. Suas transfigurações coincidem com novas perspectivas e novas questões. Suas mutações semânticas correspondem a mudanças de problemáticas que possuem elas próprias um sentido, relativamente aos lugares de reflexão histórica e culturalmente definidos.

A forma historicamente primordial do conceito, tal como a encontramos na obra do presidente de Brosses, *Do culto dos deuses fetiches* (1760), já corresponde a uma mudança de sentido em relação ao sentido etimológico da palavra *fetiche*. Aquela que vem do português "feitiço", que por sua vez vem do latim *facticius*, que significa artificial e se aplica àquilo que é produto conjunto da habilidade técnica e da natureza. Ela significa fabricado, falso, *pastiche*, ou então imitado. "Feitiço" significa, então, objeto mágico, encantado. De Brosses, por sua vez, confere ao *fetichismo* um sentido ampliado, designando o culto primordial da humanidade. Antes de passar da história das religiões para as teorias econômica (Marx), psicológica (Alfred Binet) e psicanalítica (Freud), o conceito transita pela filosofia comtiana da história, chegando a se imiscuir, como veremos, dentro de uma teoria geral da natureza humana.

A lei dos três estados economiza um estado de pré-história absoluta que obrigaria a pensar a história com a condição de uma ruptura incompreensível. A primitividade do fetichismo está inscrita na natureza do espírito humano. O fetichismo, presente nos animais superiores sob a forma de uma atividade especulativa embrionária, retira a inteligência e a sociabilidade humanas de seu torpor inicial, e constitui "a verdadeira base primordial do espírito teológico", o regime normal no ponto de partida da evolução humana. Longe de se reduzir a um modo de pensar "pré-lógico", ele já testemunha as aspirações intelectuais dos homens, mesmo se seu gênio concreto puder agir como um fator de limitação. Para caracterizar tal regime, Comte retoma a fórmula de Bousset: "Tudo era Deus, exceto o próprio Deus" (C, 1. 52, II, 246). Essa atitude primordial do homem em relação ao mundo, que exibe desde os primeiros tempos todos os fundamentos de nossa constituição intelectual, obedece a uma lógica própria que Comte descreve assim:

> Todos os corpos observáveis sendo assim personificados, e dotados de paixões ordinariamente muito poderosas, segundo a energia de seus fenômenos, o mundo exterior apresenta-se espontaneamente, na direção do espectador, numa perfeita harmonia, que nunca mais foi possível reencontrar no mesmo grau, e que deve produzir nele um sentimento de plena satisfação, que não podemos de modo algum qualificar hoje de modo apropriado, já que não podemos experimentá-lo suficientemente, mesmo se nos referirmos, através da meditação mais intensa e mais bem dirigida, a esse berço da humanidade.[3] (C, 1. 52, II, 248)

A explicação dessa passagem nos fornece a ocasião de projetar a luz sobre três aspectos teóricos da filosofia comtiana da história.

a) *O ponto de vista do observador*

O espírito, no estágio de desenvolvimento ao qual chegou, só pode considerar o fetichismo à distância. No entanto, esse regime não foi inteiramente apagado, foi

---

3. Em *O pensamento selvagem* (Campinas, Papirus, 2005), Claude Lévi-Strauss, representando a antropologia estruturalista, emite sobre a teoria de Comte um julgamento cheio de nuanças. De um lado, Comte percebeu mais claramente que os etnologistas da época o alcance de um regime mental primitivo que tinha o valor de estrutura de conjunto. De outro, Comte não teria visto que a *humanização* religiosa das leis naturais é acompanhada por uma *naturalização* das ações humanas. Para Lévi-Strauss, na verdade, a magia consiste em tratar as ações humanas como se elas fizessem parte do determinismo físico. É esse *fisiomorfismo* cultural que teria escapado a Comte.

por assim dizer *repelido*, subsiste no fundo de nós em estado latente e ressurge, por exemplo, quando somos confrontados a um mecanismo caprichoso, cuja complexidade supera em realidade nossas competências. O fetichismo pode igualmente ser reativado nas pessoas que retrogradam momentaneamente sob a influência de um estado segundo. Comte viveu tal experiência. Conforme seu próprio testemunho, ele teria, durante sua crise cerebral de 1826, percorrido ao avesso os diferentes estados da evolução humana, retornando gradualmente até o fetichismo, antes de voltar, no outro sentido, passo a passo, para o estado positivo.

b) A curvatura da história

Lê-se no *Curso* que o fetichismo, normal no começo, perdeu sua credibilidade na idade positiva. Aliás, Comte pretende mostrar que o fetichismo, apesar de sua primitividade, está intelectualmente mais próximo que o teologismo do estado positivo. Sobre esse tema, não é difícil notar um deslocamento significativo entre o *Curso* e o *Sistema*.

Na lição 52 do *Curso*, Comte, indicando que a história começa pelo "fetichismo mais grosseiro" e mesmo pela antropologia, não esconde o "horror" e a "repugnância" que inspira esse primeiro estado, considerado "o estado mais imperfeito da filosofia teológica" (C, 1. 52, II, 268). Ele destaca a insuficiência teórica desse regime em que as quimeras superam a realidade, e louva nas concepções positivas uma lenta e laboriosa vitória sobre as ilusões primitivas.

No terceiro tomo de *Sistema*, o fetichismo é, ao contrário, valorizado. Comte destaca sua contribuição, não seus limites, e enumera suas vantagens em relação aos regimes seguintes, julgados mais engajados em concepções absolutas. Do ponto de vista do método, a confusão fetichista da ordem vital e da ordem material é certamente um erro capital, mas comporta em si a possibilidade de sua refutação, posto que ela repousa sobre o domínio do observável, enquanto o politeísmo, ao substituir os agentes observáveis supostamente vivos por agentes imaginários exteriores à matéria, impede qualquer refutação ou qualquer confirmação. "Assim, o método fetichista inaugura a marcha normal da verdadeira lógica, da qual o método teológico se afasta radicalmente" (SSP, III, 86). Do ponto de vista da doutrina, o fetichismo acentua a aproximação por analogia entre o reino humano, o reino animal e o reino vegetal, mas esse erro desenvolve nossos instintos de simpatia; o teologismo vai mais longe no excesso inverso, colocando os seres vivos como passivos e explicando toda atividade por meio de causas sobrenaturais. Por outro lado, o fetichismo assimila o mundo inorgânico à vida, mas a hipótese teológica de uma matéria puramente passiva está mais distante da verdade.

Essa valorização pode ser justificada, dentro do contexto do positivismo religioso, pelo indício afetivo do fetichismo. É verdade que, desse ponto de vista, Comte já tinha consciência, no *Curso*, de "inspirar uma espécie de simpatia intelectual a favor do fetichismo" (C, 1. 52, II, 268). Comte demonstrava de fato um pensamento por analogia, natural e espontâneo, que se desdobra em simbiose com a realidade e desemboca numa situação harmoniosa. Comte não vê nesse regime do espírito a predominância do egoísmo: no fetichismo, o homem transpõe suas determinações sem sentir necessidade de um retorno sobre si mesmo; o teologismo é mais egoísta. Comte vê nele antes um fascínio experimentado diante de um mundo humanizado e "o equivalente afetivo de uma espécie de alucinação permanente e comum" (C, 1. 52, II, 255).

O positivismo religioso incorpora a fetichidade à positividade em uma síntese à qual retornaremos. No plano sociopolítico, Comte indica dentro dessa perspectiva a possibilidade de passar diretamente do estado inicial ao estado final do espírito, transpondo as divagações do teologismo e a anarquia metafísica. No sistema colonial, Comte condena não apenas a escravatura, mas também uma educação nefasta que, sob a casaca dos valores europeus, exporta a crise da qual sofre o mundo ocidental. Utilizando a retidão própria ao regime inicial e a preponderância do coração sobre o espírito, um empreendimento de sistematização poderia, ao contrário, com base na distinção teórica da vida e da atividade, desviar o culto dos *materiais* para orientá-lo no sentido das *obras*, e encaminhar os fetichistas africanos para o positivismo.

Para Comte, a marcha da civilização, como dissemos, segue uma progressão contínua, cujas fases são determinadas por um movimento imanente, mas se vê aqui o que faz esse movimento não ser *linear*: o homem desenvolve na origem potencialidades que a história recuperará no gesto retrospectivo de contorção e de cerco que conclui a assunção teleológica do positivismo.

c) A transição de um regime para outro

Como o espírito consegue se emancipar do fetichismo? Se o espírito humano, em seu regime primitivo, se desdobra em simbiose com a realidade, como pode então sair de sua forma inicial? A passagem do fetichismo para o politeísmo ocorreu, diz Comte, graças à percepção e à abstração de caracteres comuns a seres que foram então classificados na mesma espécie.

> Quando, por exemplo, a vegetação semelhante de diferentes árvores de uma floresta de carvalhos teve, afinal,

de representar, dentro das concepções teológicas, aquilo que seus fenômenos ofereciam de comum, esse ser abstrato deixou de ser o fetiche próprio de qualquer árvore, e tornou-se o deus da floresta. (C, 1. 52, II, 265)

Mas como explicar essa atração pelo específico?

Se o espírito humano é primitiva e naturalmente motivado para a pesquisa das causas, é para explicar os fatos insólitos, as anomalias. Por essa razão, não surpreende que não se tenha encontrado em lugar algum um Deus da gravidade. Enquanto Fontenelle considerava que o homem se interessa primeiramente pelo curso natural das coisas, por exemplo, o fluxo e o refluxo do mar, Comte se refere antes a Adam Smith, para quem, ao contrário, a filosofia natural, em sua origem, responde ao espanto sentido diante das irregularidades e dos contrastes. O homem dos primeiros tempos reagiu a um mundo exterior considerado pelo modelo da experiência humana naquilo que ela tem de afetivo e de imprevisível, de tal modo que ele é levado a observar os fenômenos e os acontecimentos menos ordinários, e a tirar de suas observações um ensinamento teórico. Ao mesmo tempo, o homem é capaz de comparar, abstrair, generalizar, prever. Esse esforço de abstração, longe de ser comandado pela necessidade, é compreendido como um impulso do espírito científico. De maneira subterrânea se prepara a passagem a um outro estágio de desenvolvimento do espírito.

Conseqüentemente, o movimento que conduz o espírito humano para fora do fetichismo é natural. O deslizamento de um interesse sobre o individual e o singular para a atração pelo especial e regular se aplica de modo privilegiado aos astros; daí a passagem à astrolatria. O culto dos astros e a observação nascente dos movimentos celestes e de sua regularidade supõem a sedentarização das populações e sua passagem ao estado agrícola, transição assumida pelo fato de o pensamento fetichista, que se desdobra em harmonia com o mundo, tender naturalmente à conservação, ao reagrupamento (aproximação das tribos pela poligamia) e à fixação (passagem do estado pastoral ao estado agrícola). Nessa fase transitória se introduz a novidade do sacerdócio. Essa instituição, paralela ao desenvolvimento do espírito científico, representa um primeiro passo no sentido da sistematização da explicação dos fenômenos. Nesse sentido, a astrolatria pode ser considerada como o resultado do trabalho subterrâneo do espírito positivo nascente.

O politeísmo, a emergência do sobrenatural

Para Comte, o politeísmo é a forma consumada do teologismo, aquela que corresponde, na ordem das faculdades do espírito, à preponderância da imaginação. Uma novidade, o aparecimento do sobrenatural, marca um passo decisivo na história, uma mudança mais significativa sem dúvida do que a passagem a esse teologismo decadente que será o monoteísmo. Conservando o tipo humano como modelo de causalidade, o "verdadeiro teologismo" consagra a separação. Essa forma de pensamento fortemente representativa das concepções absolutas é um momento privilegiado para estudar o devir imanente do espírito, quer dizer, para analisar a maneira pela qual as crenças quiméricas e as práticas a nossos olhos revoltantes preparam historicamente a ascensão gradual da civilização no sentido da positividade.

a) Os ardis da história

O reconhecimento de uma incompatibilidade entre a regularidade dos teoremas ou dos fenômenos observados e a incerteza das vontades divinas produz um avanço na direção do estado final (freado em certos aspectos pelo monoteísmo, como o atesta o intervalo de quinze séculos que separa a astronomia grega das descobertas de Kepler). Comte apresenta o *Destino* como a compensação de um tal deslocamento: assimilável a um deus da invariabilidade, o destino tende a se estender sobre as prerrogativas das divindades caprichosas, anunciando assim a providência do monoteísmo. Nesse regime em que predominam as ficções e o maravilhoso dispensa milagres, são portanto as superstições que favorecem a observação, preparando paradoxalmente o terreno da ciência positiva. É assim que a adivinhação prefigura a previsão científica, que a arte dos harúspices fornece os primeiros elementos de anatomia e a astrologia os primeiros rudimentos da astronomia.

Outro exemplo: a escravidão, que inspira "um justo horror" na época moderna, deve do mesmo modo ser recuperada em sua significação histórica. A escravidão antiga é, na origem, um cativo que, em vez de ser imolado ou devorado, é condenado a um trabalho regular. O processo descrito por Comte é comparável àquele da *dialética do senhor e do escravo* em Hegel: o labor pelo qual o indivíduo submetido escapa primeiramente da morte, orienta o escravo para as atividades produtivas, de modo que, visto dentro do contexto de uma época dominada pelas paixões militares, a escravidão aparece como uma instituição formadora, própria para dar o impulso para a atividade industrial.

Certamente, Comte coloca em evidência, por sinal, o alcance limitado dos avanços do politeísmo. Sobre esse ponto, sua interpretação dos fatos contém um elemento teórico que reterá nossa atenção: o papel da direção moral e da sociabilidade no futuro da civilização.

b) Moralidade e sociabilidade dentro da dinâmica das evoluções conexas

Este tema é ilustrado pela desmistificação do milagre grego. A civilização grega ocupa, explica Comte, uma posição intermediária e, por isso mesmo, instável. Demasiadamente belicosa para pretender a disciplina teocrática (primeiro momento do "verdadeiro teologismo"), insuficientemente conquistadora para abraçar plenamente a existência militar (politeísmo progressivo social ou momento romano), ela se caracteriza por um regime de liberdade naturalmente propício à vida contemplativa. Aí, também, notamos um deslocamento significativo entre o *Curso* e o *Sistema*.

Na lição 53 do *Curso*, Comte valoriza a emergência de "uma classe livre inteiramente nova". O *Sistema* produz uma virada do ponto de vista: o momento grego aparece como um momento de efervescência intelectual desprovido de direção moral. Comte apresenta a história do povo grego como "o doloroso espetáculo de uma nação sacrificada ao desenvolvimento decisivo do gênio especulativo de alguns órgãos privilegiados". E fustiga a "turbulência descomedida", a efervescência das "mediocridades demagógicas", a "pueril suficiência" de um povo cuja imoralidade e irracionalidade culminam na prática do ostracismo e no sucesso dos sofistas e dos rétores. O saldo é severo: as tentativas filosóficas, demasiadamente saturadas de sutilezas, só deixaram interrogações ou indicações metodológicas, os esforços científicos não deram senão resultados parciais, a poesia somente dois gênios, Homero e Ésquilo, os progressos estéticos não atingiram senão a escultura, que, por sinal, testemunha um gosto discutível pela idealização dos corpos, comprometidos em "hábitos infames". A lição é clara: eficácia estética e corrupção moral são incompatíveis; o exercício do espírito é "vão", até mesmo "funesto", na ausência de regulação moral.

Ao contrário, a sociabilidade romana, primeiro passo na direção da religião universal, orienta as produções intelectuais e artísticas no sentido desse "nobre objetivo" que faltava aos gregos. Enquanto relação do homem com seu meio, a pátria precede a sedentarização dos povos (a carroça e a tenda dos nômades, espécies de domicílios ambulantes, assumem esse laço de dentro para fora) e se enraíza na família (*pátria* se aparenta a *patrius*, literalmente: que se refere ao pai, transmitido de pai para filho). A pátria prolonga a família (a casa), estendendo o laço afetivo a um espaço coletivo e público (a cidade), e prepara a Igreja ao suscitar uma harmonia religiosa própria a irradiar sobre a humanidade (o planeta). Esse movimento de extensão concêntrica, começado desde o fetichismo (o apego do fetichismo a sua tribo anuncia a cidade), se conclui com a incorporação romana. Mas a concentração dos poderes espiritual e temporal, característica do politeísmo, não responde mais às exigências de uma moral e de uma religião que tende para a universalidade. A transição nada tem de circunstancial. Também a integração da teocracia judaica, portadora de um monoteísmo excepcionalmente precoce, só contribuiu para acelerar uma marcha necessária.

O monoteísmo, a ilusão construtiva

A redução das vontades divinas a uma causa única conduz, segundo Comte, a uma doutrina incoerente. Visto que a afeição e a especulação satisfazem normalmente exigências práticas, a sabedoria e a bondade não convêm nem um pouco a um Deus onipotente. E, sobretudo, a imperfeição do mundo se torna inexplicável. Como Comte pôde então exprimir sem contradição sua admiração pelo sistema católico medieval? Em que a Idade Média representa um progresso?

a) A progressão histórica

O progresso capital consiste aqui na organização da sociedade, mais precisamente na separação do poder temporal e do poder espiritual. Ao cair dentro do domínio de competência do poder espiritual, a moral universal se elabora acima da política, enquanto esta se dispõe a acolher sabedoria e razão. Tendo os sacerdotes renunciado ao comando em favor do conselho, o catolicismo pode concluir plenamente sua missão de educação intelectual e moral em todas as classes e em toda a Europa. Essa função reguladora, representada pelo papa, é uma fonte de progresso para a moral individual, doméstica e social. O catolicismo exerce uma influência inédita sobre o instinto sexual, o orgulho, o suicídio; consagra a dignidade das mulheres (o positivismo o lembra prestando um culto a Clotilde[4], Bathilde[5] e Joana d'Arc), proclama a indissolubilidade do casamento, propaga uma moral do amor e da fraternidade universais. Indício de superioridade sobre o regime anterior, a cavalaria inscreve no seu lema a *lealdade*, para qual convergem as duas qualidades essenciais da Idade Média, a dedicação e a sinceridade. A passagem à servidão e a alforria das comunas favorecem o desenvolvimento industrial e técnico que, por sua vez, dá um impulso aos trabalhos científicos, especialmente em química, ao passo que o monoteísmo muçulmano já se tinha distinguido por seus

---

4. Clotilde (475-545) era a esposa de Clóvis, e desempenhou um papel capital na sua conversão.
5. Bathilde (635-680), escrava anglo-saxônia, esposa de Clóvis II e fundadora da abadia de Corbie e da abadia de Chelles.

trabalhos de filosofia natural e cosmologia. No domínio da arte, as catedrais anunciam o regime sociocrático. A Idade Média não é portanto um recuo, nem um infeliz *acidente* da história. Fiquemos nesta afirmação.

b) Determinismo e continuísmo

Para explicar o nascimento do sistema feudal, Comte volta ao século IV, data a partir da qual a decomposição política obriga a sociedade a se dotar de um regime defensivo. Qual foi, nesse processo, o papel das invasões germânicas?[6] Não deveria ser visto nesse fenômeno um sinal de ruptura? De maneira significativa, Comte apresenta as migrações do fim da Antiguidade como uma conseqüência da expansão romana, e fala de "invasões necessárias". Em resumo, a sedentarização dos povos levada até as margens do império implicava a busca de espaços favoráveis à agricultura, cuja conseqüência foi a assimilação e a conversão dessas populações. "Para se tornarem agrícolas, elas logo se dispuseram a abandonar os locais pouco favoráveis aos quais a pressão romana os havia gradualmente relegado, a fim de obter, no Ocidente, por concessões livres ou forçadas, um solo mais conveniente e mais bem preparado" (SPP, III, 466). Convém notar que, ao se afastar do mito das brutais "invasões bárbaras", Comte prepara o terreno das investigações históricas mais recentes. Aliás, reduzindo a importância das "origens germânicas" nas instituições da Alta Idade Média, Comte extrai, de uma documentação

---

6. Uma tradição historiográfica francesa atribuía, outrora, a queda do Império Romano ao choque das "invasões bárbaras": atravessando o Reno, os hunos, os godos, os francos teriam brutalmente aniquilado a civilização romana. Na realidade, a transição foi lenta, e Comte já estava consciente disso.

com muitas lacunas, conclusões sem dúvida precipitadas, mas abre o caminho, aí também, para uma problemática fecunda.[7]

O estado metafísico, nascimento da modernidade

Talvez uma das teses mais arrojadas e fecundas da exposição comtiana da história tenha sido restituir o "movimento moderno" ao século XIV, em vez da Renascença. O relato desse período demonstra na verdade, através de um exame de "longo prazo", uma explicação rica e coerente da Revolução Francesa.

Resumindo, o movimento moderno se divide em duas fases. Dois séculos de decomposição do sistema teológico e militar constituem a fase *espontânea*, durante a qual o enfraquecimento da autoridade pontifical e o fracionamento da hierarquia católica em cleros nacionais têm como conseqüência a superioridade do poder temporal sobre o poder espiritual e reduzem a independência deste último. Nesse período em que a casta militar ainda não desapareceu, os poderes temporais locais entram regularmente em conflito com o poder central, as expedições guerreiras se prolongam, as relações européias perdem sua coerência. A partir do século XVI, abre-se uma nova fase, *sistemática*. A desorganização, orquestrada por um empreendimento especulativo crítico, desconstrutor, se

---

7. Um historiador da Alta Idade Média como Karl Ferdinand Werner, por exemplo, mostrou recentemente que os chefes dos exércitos germânicos, especialmente os francos, conheciam o mundo romano há muito tempo, conviviam com as elites romanas, laicas e eclesiásticas e defendiam o império mais do que o atacavam. Da mesma maneira, é através de uma simbiose institucional e social que nasceu, por exemplo, a nobreza do reino franco, com base na *nobilitas* romana. A tese continuísta é discutida, mas o debate só faz reforçar o interesse da visão comtiana.

generaliza até o ponto de o progresso e a ordem aparecerem como dois pontos de vistas antitéticos. Essa fase se subdivide em dois períodos, marcados um pelo fenômeno do *protestantismo*, o outro pela crise *revolucionária*. Nos vastos desdobramentos aos quais se entrega Comte, decidimos isolar duas interpretações históricas que ainda ressoam nos debates recentes.

a) As evoluções conexas e o status das invenções

Comte integra a história das técnicas à história global, mobilizando evoluções sociais maciças. Ele explica que, a partir do século XIV, a indústria substituiu pouco a pouco a vida militar, desencadeando um estado da sociedade no qual o desenvolvimento da fabricação e a emergência de novas técnicas se tornavam necessárias. Ele se empenha assim em demonstrar que as grandes invenções respondem às necessidades sociais inscritas na continuidade da história: a bússola apareceu em favor de uma situação social que buscava expandir a navegação européia e, ao mesmo tempo, poupar as forças humanas. As armas de fogo, cuja técnica era conhecida talvez há muito tempo, se difundiram na época em que as populações industriosas, preocupadas em economizar o tempo antes dedicado ao aprendizado militar, ainda precisavam se defender contra uma casta de guerreiros que continuava ativa. A invenção da tipografia, com demasiada freqüência apresentada como um evento repentino, quase miraculoso, obedece ao mesmo esquema: considerando que, a cada época, o modo de difusão dos textos corresponde à natureza do público, uma tal invenção deve ser considerada relativamente a uma situação de conjunto, que combinava a extensão maciça do clero europeu, a abolição da servidão e o desenvolvimento da vida industrial. Na década de 1930, os tenores da Nova História lançaram, sem se referir a ele, um programa de pesquisa que faz pensar retrospectivamente em Comte.[8]

b) O trabalho do negativo

Comte não é desses que pensam, como mais tarde o fez Clemenceau, que a Revolução é "um bloco". Ele traça uma nítida separação entre os "declamadores" da escola de Rousseau, que trocaram a razão por um ativismo igualitarista, e a "sabedoria revolucionária" ou a "espontaneidade republicana" da Convenção, que testemunha uma preocupação positiva de basear a influência dos proletários na vida pública na especificidade do "instinto popular". Comte interpreta o Terror como "o violento delírio" de um pensamento que perdeu o sentido da história. A questão de saber se os excessos revolucionários eram evitáveis é afastada como um pseudoproblema. O que interessa a Comte é a explicação global do impasse relativo da "regeneração direta", explicação que ocupa uma parte importante da reflexão dos historiadores atuais.[9]

---

8. Em *Annales d'Histoire Économique et Sociale*, nº 36, 30 de novembro de 1935, Lucien Febvre lança uma espécie de manifesto: "Cada época tem sua técnica, e essa técnica tem o estilo de uma época. Um estilo que mostra a que ponto tudo se encadeia e interfere nos fatos humanos: como, se quisermos, a técnica sofre a influência daquilo que podemos chamar a história geral – e, ao mesmo tempo, age sobre esta história" (p. 532). A gênese dessa corrente historiográfica, em suas relações com a filosofia, ainda precisa ser escrita.
9. Mona Ozouf mostra em *L'Homme régénéré* (Paris, Gallimard, 1989) que os revolucionários sonharam em "criar" o homem novo tendo por base duas representações, a do modelo antigo (os lacedemônios, os cretenses, etc.) e a do modelo americano. Ela analisa em seguida duas concepções da regeneração: um modo espontâneo, considerado como retorno à fonte e revivescência interior, e um modo dirigista, autoritário, que atribui a uma forma de impaciência diante das lentidões da história e o risco do acontecimento perturbador. Ela explica finalmente as aporias da regeneração por uma fissura da temporalidade histórica, onde é abolida toda "relação dialética" (p. 154) entre o antigo e o novo. Não é um exagero dizer que essa explicação, que representa uma chave

Comte mobiliza sobre essa questão o regime do espírito que chama de metafísico e do qual a obsessão institucional dos revolucionários é um sintoma: pretende-se satisfazer as necessidades sociais modificando o conteúdo ou mesmo a forma das instituições legais, em vez de reformar em profundidade os princípios e os costumes. O erro está no fato de que as pretensões políticas dos revolucionários permanecem tributárias de uma visão absoluta do poder que se exprime na idéia da soberania do povo. Em resumo, a metafísica permanece prisioneira da ilusão que ela se empenha em destruir. Desse ponto de vista, o caso de Rousseau já era emblemático. Eis de fato a interpretação de Comte: ao descrever, no *Discurso sobre a origem da desigualdade*, o estado social como uma degeneração do estado de natureza, Rousseau apenas transpõe o problema teológico do pecado original nos termos de uma ficção metafísica, repercutindo emblematicamente os ataques do protestantismo contra a ordem social. No *Contrato social*, ele reincide: inspirando-se em um modelo antigo do poder, ele testemunha a inconseqüência do espírito metafísico, que sonha em fazer o novo com os restos do antigo, em vez de capturar na continuidade da história a impulsão própria das sociedades.

Conseqüentemente, sem ignorar o movimento de recomposição que percorre a época, Comte atribui a eficácia principal do espírito metafísico a seu poder dissolvente. Ele destaca o papel temporário de um regime capaz de dissolver, mas incapaz de fundar. Ora, o estado geral de desorganização não poderá durar quando as condições de passagem do estado positivo forem reunidas. Conservando sua aptidão negativa além desse limiar,

---

eficaz dentro da interpretação dos discursos e encenações da Revolução, consoa com a problemática comtiana, mesmo se esta se inscreve dentro de um contexto de pensamento muito diferente, posto que se trata, para Comte, não apenas de analisar, mas de realizar a regeneração faltante.

o espírito metafísico acaba por engendrar efeitos retrógrados. Ao se prolongar, acaba por atrasar o advento do regime positivo que ele havia contribuído, no seu tempo, para tornar possível.

O estado positivo, o sentido da história

Na época em que Comte escreve, três sistemas, segundo ele, coexistem na sociedade. O sistema *teológico*, tornado anacrônico, mantém a ilusão do sobrenatural e especialmente de um laço social fundado sobre o direito divino. Ele desempenha um papel retrógrado, trabalhando para desviar o povo de todos os grandes melhoramentos sociais. O partido católico chega a exercer, segundo Comte, uma função corruptora sobre a sociedade, devido à hipocrisia e à ganância de seus representantes. O sistema *transitório*, marcado pelo juridismo e pelo formalismo político, persegue, como o precedente, uma meta absoluta, portanto quimérica, procurando definir uma ordem social ideal independente da evolução histórica e do estado presente da civilização. Por seu caráter *crítico*, ele deixa renascer indefinidamente o antigo sistema, que, no entanto, se propõe a destruir. Dominadas pelo empirismo e pelo egoísmo, as classes dirigentes têm interesse em prolongar essa situação. A arte está desorientada, a ciência, especializada demais, não mais elabora conhecimentos, e sim os dispersa; privilegia-se o espírito do detalhe sobre o espírito do conjunto, o interesse pessoal sobre a felicidade de todos. Nesse clima, tudo conspira para perpetuar uma fase normalmente transitória. No entanto, o estado positivo se anuncia, nas idéias, se não nos costumes.

Sem retornar ao projeto sociopolítico de Comte cujo papel na unidade e na evolução do positivismo já vimos, tentemos restituir as linhas gerais da "política positiva" exposta no *Sistema*, projetando uma luz sobre a articulação das soluções ao contexto social e político da época.

Na constituição do novo poder espiritual, Comte atribui às mulheres e aos proletários um papel ao mesmo tempo privilegiado e ambíguo. Incorporar o proletariado à sociedade moderna e libertar as mulheres do trabalho são para Comte os dois grandes problemas herdados da Idade Média e, em sua visão, esse regime esboçou a solução ao consagrar a separação do temporal e do espiritual.

a) Se a imagem da mulher despertava outrora o ardor guerreiro do cavaleiro, ela poderia, coberta de razão, harmonizar a vida privada e a vida pública numa sociedade agora ocupada em fazer a felicidade da Humanidade. Aliás, pensa Comte, a nostalgia feminina da Idade Média exprime não somente o gosto pelos costumes cavalheirescos, mas também a saudade de um regime que eleva a moral acima da política. Daí sua função de "auxiliares domésticas" do poder espiritual. Elas assumem em relação ao passado uma continuidade afetiva sobre a qual a anarquia das inteligências não tem controle. Num tempo em que a inteligência é um fator de dispersão e de agitação, o papel regulador deve ser entregue ao "sexo afetivo", a fim de assegurar "a subordinação contínua da razão e da atividade ao amor universal" (Ens, 236). Convencido do fato de que, na Itália e na Espanha, o coração é mais disposto que nos países industriais protestantes, e que é possível assim instalar o positivismo sem passar pela transição deísta, Comte lança um apelo aos mediterrânicos. A mulher foi o emblema da pátria. Logo ela será o da Humanidade.

b) Libertados das crenças teológicas, os proletários escaparam também das quimeras metafísicas. No plano intelectual, seu bom senso, voltado para o real e o útil, torna-os predispostos a aceitar o positivismo. No plano moral, sua sociabilidade, seus impulsos de simpatia, se manifestam por um vivo sentimento de solidariedade, e é apenas por falta de cultura histórica que seu sentimento de continuidade permanece mudo. Sua veneração nunca é servil e, como a opressão não tem controle sobre eles, protegem as liberdades que a filosofia não poderia se dispensar. Os proletários estão, então, prontos para acolher a separação do poder espiritual e do poder temporal, à diferença dos "letrados", que vêem nela um obstáculo a suas ambições políticas, e dos "ricos", pouco inclinados a renunciar a seu egoísmo. Eles exercerão um papel de apreciação, de conselho e de preparação. Por conta de seu número, assegurarão a estabilidade da opinião pública, realizando assim uma missão complementar à das mulheres e à dos filósofos.

A questão social pede uma solução filosófica e moral, e não política e institucional. Mas o enunciado do problema fica obscurecido, segundo Comte, por dois debates.

a) O primeiro diz respeito à posse do *poder*. Constatando que "essa perigosa situação, em que o proletariado acampa no meio da sociedade ocidental sem estar ainda nela alojado, não poderia ser erguida por ninguém em estado normal" (SPP, II, 412), Comte associa a questão operária ao problema geral da reorganização da sociedade. Ele pretende se conformar ao princípio *republicano*, segundo o qual as forças sociais devem se articular de maneira a convergirem para o bem comum. Ora, essa convergência não deve nunca ser obtida pela força: ela se efetua por si mesma toda vez que é confiada aos agentes uma missão que corresponde a suas disposições. No cruzamento dos caminhos, o proletariado pode então engendrar a desordem ou a harmonia, conforme a missão que adotar. Apreendemos aí o sentido do positivismo religioso que evocamos no primeiro capítulo: nenhuma solução política poderia ser tão fecunda quanto o sistema de regulação do qual os proletários devem participar ocupando, nos dispositivos das forças sociais, o lugar mais conforme a suas disposições intelectuais, profissionais e sobretudo morais.

b) O segundo debate se refere aos *direitos*. Segundo Comte, a noção de direito procede de uma problemática individualista destinada a desaparecer junto com a metafísica. No projeto positivista, as garantias individuais resultam da universalidade das obrigações recíprocas. Meu direito consiste no dever do outro em relação a mim, o direito do outro consiste no meu dever em relação a ele. Comte quer, assim, substituir uma moral passiva por uma moral ativa e altruísta na qual convém antes de tudo fazer seu dever. A fraternidade universal, fonte dessas obrigações, oferece vantajosamente as garantias que se espera ilusoriamente da igualdade. O que é deplorável, aos olhos de Comte, não é a desigualdade em si, é a predominância de uma desigualdade singular que daria o tom ao impor seu modelo. O que é desejável, é uma regulação das desigualdades extraindo um efeito ótimo de uma justa subordinação e de um reconhecimento espontâneo.

Entre as tendências de sua época, Comte condena tanto o imobilismo daqueles que ignoram o progresso quanto a agitação daqueles que recusam a ordem. Das duas divisas "Liberdade, Igualdade", "Liberdade, Ordem Pública", ele prefere a segunda. A primeira, emblemática do momento crítico da Revolução, é contraditória, porque a liberdade engendra ou suscita naturalmente as diferenças. A segunda, mais próxima da meta *orgânica* da Revolução, elimina a noção de igualdade, inadequada à estrutura da sociedade. O lema do positivismo "Ordem e Progresso" toma emprestado de uma a noção de liberdade inerente à idéia do progresso, e da outra a noção de ordem; mas multiplicando, por assim dizer, a ordem e o progresso um pelo outro, em vez de neutralizá-los num vago compromisso, Comte inflecte o sentido dos dois termos na direção de um sistema novo. Aqui, o progresso é o objetivo e a manifestação da ordem. Analisado de uma perspectiva histórica, o termo "ordem", com seu duplo sentido de *comando* e *disposição*, deixa pressentir uma inversão de prioridades: inicialmente, o comando devia preceder a disposição, conforme a lógica das concepções absolutistas, que colocam as causas dos fenômenos dentro das vontades; por efeito de inversão, a substituição das causas pelas leis implica globalmente uma prioridade da *regulação* sobre o comando, que, transposta ao domínio político, faz prevalecer a disciplina espiritual sobre a temporal.

A partir dos anos 1845-48, Comte defende a prioridade da ordem, não por que se colocasse por princípio do lado dos conservadores, já que admite explicitamente um direito de insurreição – entendido como "um recurso extremo, indispensável para toda sociedade, a fim de não sucumbir à tirania que resultaria de uma submissão absoluta, por demais pregada pelo catolicismo moderno" (Ens, 169) –, mas antes porque teme conjunturalmente uma impregnação durável das idéias revolucionárias entre os proletários parisienses. Trata-se não de contrariar o progresso, mas de represar suas desordens para torná-lo eficaz. Pois Comte está convencido disso: a ordem será retrógrada enquanto o progresso for anárquico. Daí sua posição diante do comunismo e do socialismo, designações que se tornaram habituais desde 1848.

a) O *comunismo* tem o mérito histórico de privilegiar o problema da propriedade em relação ao problema do poder, ainda que a solução que ele propõe seja ilusória. Entre as análises próprias ao comunismo, Comte retém dois aspectos positivos: a crítica ao juridismo ressalta o caráter social da propriedade, a crítica à economia liberal destrói o mito de uma ordem econômica imutável; de sua parte, sem negar a existência das leis naturais inscritas nos fatos sociais ou econômicos, Comte denuncia nas representações fatalistas da ordem natural, uma ciência extraviada, posta a serviço de uma justificação para as fortunas pessoais. Contudo, Comte critica no comunismo sua rejeição de qualquer continuidade: essa doutrina não passa de uma utopia contraditória, que pretende fazer tábula rasa do passado e ao mesmo tempo tomar emprestadas suas fórmulas das gerações anteriores. Se o positivismo pode se apresentar como o autêntico encaminhamento da Revolução para sua conclusão, talvez seja porque essa filosofia do contínuo assume a definição primeira da revolução, querendo ver nela a combinação de um ciclo e de um progresso, em vez de uma brecha ou um salto no curso histórico dos eventos.

b) O *socialismo* apresenta uma solução diferente ao mesmo problema. Na carta a Tholouze de 17 de setembro de 1849, Comte explica que o "verdadeiro princípio republicano" é chamado a justo título "socialismo", se entendemos por essa palavra "a consagração direta e exclusiva de todas nossas forças ao serviço contínuo da Humanidade"; nesse caso, o positivismo é a doutrina que deve guiar esse sentimento porque lhe é adequado; ele é o "socialismo sistemático"; o que significa dizer que o socialismo dos proletários parisienses é, reciprocamente, o "positivismo espontâneo". Comte tira daí a seguinte conclusão: "Vejo-me assim encarregado da direção mental e moral de uma imensa revolução próxima, destinada a terminar enfim a revolução ocidental".

A verdadeira revolução consiste primeiramente em fundar a filosofia positiva e instaurar o poder espiritual correspondente. Como se trata de uma longa tarefa, a organização do poder temporal é adiada. Enquanto isso, Comte procura um regime de transição. O governo preparatório próprio à transição orgânica deve ser adaptado ao estado normal; ora, o que é normal é a subordinação da política à moral. O governo provisório deve então se apoiar na classe mais receptiva à correção da opinião. Os chefes de indústrias não sendo ainda dignos de sua supremacia final, Comte prefere os proletários. Ele reivindica para isso um triunvirato de proletários escolhidos entre os melhores técnicos e assistidos por uma assembléia cujas atribuições serão limitadas ao domínio financeiro. Evitemos qualquer contra-senso: essa "ditadura" proletária, entendida no sentido antigo como magistratura extraordinária, seria republicana e não autoritária; seus dirigentes seriam encarregados de garantir a ordem e promover o progresso material, mas a educação, a imprensa, as opiniões seriam livres e independentes do Estado.

O positivismo não coloca o acesso ao governo entre suas prioridades, mesmo se, na década de 1850, ele se prepara para isso. Possuir o poder é menos importante do que regular seu exercício. Na verdade, Comte aceitava diferentes governos. De modo geral, ele espera do poder vigente não mudanças profundas, mas a preparação de um terreno propício ao positivismo, único sistema com vocação para realizar essas mudanças; para a França, um bom programa político consiste então em manter a ordem material, favorecer o desenvolvimento da indústria e respeitar o movimento espiritual deixando amadurecer a opinião regeneradora.

Daí sua atitude, quando ocorreu o golpe de Estado de 2 de dezembro de 1851. Para Comte, o bonapartismo foi um episódio desastroso, mas sobretudo anacrônico, portanto historicamente inconsistente. O golpe de Estado lhe parece trazer a promessa de uma "ditadura temporal" suscetível de modificar a situação política num sentido favorável ao positivismo. Comte tenta igualmente ganhar a adesão de todos aqueles que poderiam servir sua causa: de Luís Napoleão, que ele ridiculariza em suas cartas – de tal modo lhe parece grotesca a festa imperial –, até os opositores do regime (Barbés, por exemplo), passando por chefes de Estados estrangeiros. Em 1852, ele analisa a história recente como uma sucessão de etapas no sentido do advento do triunvirato que havia desejado: a república substituiu a monarquia em fevereiro de 1848, o social substituiu o político em junho de 1848, a ditadura deu lugar ao regime parlamentar em dezembro de 1851. Comte prevê para logo uma mudança de "ditador" e uma transição para a separação dos poderes temporal e espiritual com base numa liberdade total de expressão e de discussão. Em 1854, o discurso profético se amplifica e o destino histórico da França se estende. Comte, que queria primeiro propagar o positivismo para a Itália, Alemanha, Inglaterra e Espanha, em seguida, mais longe, para os países do norte da Europa, prevê no momento "treze graus de extensão sucessiva" do positivismo, e considera as etapas de uma conversão universal das populações que ainda vivem no monoteísmo (Turquia, Rússia, Pérsia), no politeísmo (Índia, China, Japão) e no fetichismo (África, América e Oceania). Em 1855, ele recorre aos "Conservadores", distinguindo os "verdadeiros" dos "retrógrados" ou "burgueses". Através de um sábio emprego das riquezas, os conservadores podem facilitar a extinção de uma burguesia perturbadora e participar do advento de uma classe de patrícios.

Em vez de uma centralização política, Comte descreve a organização espiritual que, em torno da Humanidade, superará o antagonismo da Igreja católica e do Islã. Longe de recusar historicamente os dois grandes monoteísmos rivais, essa religião os sucede, e deles toma emprestado, especialmente para o culto, elementos que, revisitados, se tornam favoráveis à harmonia humana.

5
A religião

A síntese

A religião articula os componentes socioantropológicos duais (masculino/feminino, personalidade/sociabilidade, vida privada/vida pública, conselho/comando) ou tríplices (passado-futuro-presente, amor-inteligência-atividade, brancos-negros-amarelos, etc.) na direção de uma *unidade humana* que precisa ser compreendida como uma harmonia ao mesmo tempo, e indissociavelmente, *individual* (felicidade) e *coletiva* (sociedade mundial). A religião é, pois, uma *síntese* (da palavra grega *synthesis*, que equivale à palavra latina *religio*). A síntese supõe um centro de coordenação que, nesse caso preciso, só pode ser, diz Comte, *subjetivo*. Tal afirmação não é nem um pouco clara. A dificuldade vem do fato de Comte, que habitualmente define os termos associando-os a seu uso corrente e popular (pressuposto conceitual significativo), permanecer relativamente silencioso sobre esse termo técnico e polissêmico, por sinal, de modo sumário, relacionado a Kant.

De maneira geral, *subjetivo* remete à Humanidade sob três formas: a *interioridade* (a loucura é um excesso de subjetividade), o *amor* (o elemento feminino é subjetivo por excelência) e a *morte* (a vida subjetiva é a vida aqui embaixo, a dos defuntos). Esses três sentidos se fundem na individualidade do "Grande Ser": a Humanidade habita o mundo, mas constitui uma realidade *à parte* (irredutível à objetividade do mundo exterior), ela se encarna em uma mulher, compõe-se maciçamente de mortos, incrivelmente mais numerosos do que os vivos. O caráter *subjetivo* da síntese significa então que a religião positiva articula os componentes socioantropológicos da existência individual e coletiva em torno desses três pólos, resumidos na Humanidade. Na verdade, a primazia volta ao sentimento, centro organizador da unidade humana. Pode-se dizer, simplificando, que Comte atinge esse resultado através de um raciocínio em dois tempos.

a) De início negativamente, ele estabelece a impossibilidade de uma síntese *objetiva*. É impossível, em outros termos, conceber, para a sistematização completa das verdades demonstradas, um centro de coordenação que seja interno a essa sistematização. Sendo as diversas ordens de fenômenos irredutíveis a uma unidade objetiva, a ciência em seu conjunto exige ser regulada de um ponto de vista que não seja científico. A unidade se ordena a partir da "fonte interior das teorias humanas" (EP, § 20), no elemento subjetivo que estrutura o conhecimento por meio de seus instrumentos e seus procedimentos.

b) Em seguida positivamente: Comte, elaborando o quadro cerebral, descobre o papel central do sentimento na economia geral da natureza humana. Após ter descoberto as leis sociológicas e fundado a "fé" sobre as verdades demonstradas, ele teve que, em sua segunda carreira, sistematizar o centro da unidade humana, o "amor". Mas, se o afetivo governa tudo, não existe então simetria no vai-e-vem entre o amor e a fé. O amor regula a unidade interior, a ligação, em nós, de todas as faculdades, mas, além disso, é também o *amor* que permite associar o dentro e o fora através da fé. Em casos excepcionais (o de Comte é um), a fé (entendamos a sistematização das concepções positivas) pode conduzir diretamente ao amor (o amor da Humanidade, a fundação da religião da Humanidade). Mas, em regra geral, é pelo amor que os seres humanos serão impelidos para a fé.

Isso impõe aos olhos de Comte uma reestruturação do conjunto de seu sistema. Comte quer fundar a "síntese universal" sobre "a supremacia, a um só tempo teórica e prática, da moral" (SPP, IV, 530). Na elaboração científica, é o "método objetivo" que prevalece. Em outros termos, no *Curso*, Comte seguia uma marcha ascendente indo do mundo para o homem (das matemáticas e da astronomia para a sociologia), reproduzindo a ordem histórica de aquisição de conhecimentos. Uma vez concluída a enciclopédia, a sistematização religiosa exige um outro comportamento, aquele que desce do homem para o mundo e que obriga a abordar de novo todas as ramificações do saber a partir do ângulo do sentimento. A construção definitiva deriva portanto de um novo procedimento: o "método subjetivo".

O *método subjetivo*

No conhecimento socioantropológico, em que a moral ultrapassa a sociologia propriamente dita, o saber humano alcança a consciência de si, assumindo assim a coincidência do sujeito e do objeto. As ciências anteriores aparecem, retrospectivamente, em falta, visto que todos os aspectos teóricos anteriores comportam um ponto de vista humano desconhecido na análise objetiva. As noções que daí resultam são portanto incompletas, à espera de uma sistematização fundada sobre o conhecimento do homem.

Guiado pelo sentimento, o método subjetivo efetua uma espécie de redução que Comte apresenta como a aplicação de um princípio de economia que consiste, dentro do puro espírito do relativismo científico, em propor sempre "a hipótese mais simples compatível com o conjunto dos fenômenos" (SPP, I, 682). Ele "regenera" o saber contendo cada ciência dentro de "seus justos limites" e atribuindo-lhe o papel que lhe cabe na hierarquia enciclopédica (o que não era possível antes da concepção da enciclopédia). Procede a uma "depuração final" (SPP, I, 474), eliminando as "divagações" científicas. Essa depuração não deve ser compreendida como um empreendimento negativo de destruição do passado (o continuísmo de Comte proíbe essa interpretação), mas antes como uma operação construtiva de síntese na qual se deve "demarcar a revisão das aquisições anteriores para libertá-las das incoerências que as impedem de se combinar" (Synth, 193).

Dessa nova síntese, que Comte não teve tempo de desenvolver em sua íntegra, possuímos basicamente duas ilustrações.

a) A teoria das *doenças*. As pretensas patologias são sintomas de uma única doença, que se resume na alteração da unidade na qual consiste a saúde. A doença afeta o centro cerebral, que domina o conjunto do organismo. A nosografia deve, assim, apoiar suas classificações no quadro cerebral. Considerando que a região afetiva do cérebro é dominante e que ela funciona sem interrupção, convém relacionar as doenças a um desregramento do sentimento e distingui-las segundo suas inclinações para o egoísmo ou para o altruísmo. Explicando isso na carta a Audiffrent de 11 de setembro de 1854, Comte acrescenta que a medicina se une à moral:

> De fato, como as doenças resultam de uma alteração da unidade, e a unidade repousa, em essência, sobre a simpatia, é rigorosamente demonstrado que o melhor meio de se manter bem consiste em desenvolver a benevolência.

A alegria, a segurança que transmite o hábito de viver aos olhos de todos, daqueles que vivem para o outro, garante tanto sua saúde quanto sua felicidade.

Ele completa essa teoria na carta de 21 de dezembro do mesmo ano: a existência corporal é submetida não apenas à influência exterior do meio material, mas também à influência interior do meio social, geralmente negligenciado pelos patologistas; esta é a mais importante, pois a ordem universal não nos atinge de fato senão através da Humanidade.

b) Outra ilustração: a redefinição da função da *álgebra* dentro das matemáticas. Conduzida a um papel puramente instrumental, a álgebra aparece como uma ferramenta racional e abstrata destinada a colocar em relação os números, a extensão e o movimento, e privada de qualquer autonomia. Comte propõe uma nova *lógica* (via de acesso ao real), que apresenta como a sistematização definitiva da geometria algébrica inventada por Descartes. Ele vê, de fato, nessa colocação em correspondência das curvas e das equações, o gesto inaugural de uma subordinação da álgebra à geometria e a antecipação de uma harmonização dos signos e das imagens.

A idéia de tal harmonização, essencial na nova lógica, remete à teoria positiva da *linguagem*, da qual, aqui, só podemos oferecer um resumo. O *signo* provém de uma relação recorrente de correspondência entre um movimento e uma sensação. Mais exatamente, é uma relação constante entre uma influência objetiva e uma impressão subjetiva. O signo é natural e involuntário antes de se tornar, por imitação, artificial. A linguagem emana do afeto, se estende à ação e atinge enfim a especulação. Daí os três modos de expressão, sucessivamente empregados no fetichismo, no politeísmo e no monoteísmo: a lógica dos *sentimentos*, a menos voluntária, porém a mais enérgica e mais subjetiva, a lógica das *imagens*, mais livre e mais precisa em sua função expressiva, e a lógica dos *signos*, a mais voluntária e mais objetiva, contudo, a menos possante. A harmonia se realiza na subordinação do abstrato ao concreto, quando os signos, em vez de combinar-se em construções puramente formais, dão assistência às imagens, que por sua vez assistem aos sentimentos; em outros termos, quando cada palavra evoca uma imagem e cada imagem remete a um sentimento.

Na *Síntese subjetiva*, a nova lógica está associada à modificação das classificações das ciências, e à introdução da ficção de um mundo em que o saber seria consubstancial à realidade, ficção pedagogicamente eficaz para as gerações do futuro, pensa Comte. Retomando uma concepção antiga da filosofia, Comte distingue a lógica, a física e a moral. Essas ciências têm por objetos respectivos o "Grande Meio" – isto é, o Espaço, lugar geral em que se inscrevem signos e figuras –, o "Grande Fetiche" – isto é, a Terra – e o "Grande Ser". Este último é o único a combinar inteligência, atividade e simpatia, o "Grande Fetiche" tem apenas a atividade e a simpatia, e o "Grande Meio" apenas a simpatia. Pela redução à simpatia e a disposição à passividade, o "Grande Meio" se identifica à Mãe. O "Grande Fetiche", num movimento de auto-sacrifício crístico, renunciou à consciência e à inteligência e se reduziu para nós à existência bruta. Enfim, o "Grande Ser", que consiste no amor, se identifica ao Espírito Santo, completando assim essa espécie de retomada e laicização da Trindade cristã. Nessas condições, o Espaço se torna a sede subjetiva das imagens e dos signos, aos quais ele dá uma vida e um sentido resolutamente humanos. A reinstituição subjetiva das ciências cria a possibilidade de transmitir a seus objetos a simpatia que já sentimos pela Humanidade, e a incorporação do fetichismo à positividade (surpreendente ao olhar dos contemporâneos) permite, nessa construção fantástica, realizar a ligação ideal das imagens, signos e sentimentos na esfera das próprias matemáticas.

O dogma, o culto, o regime: estruturações formais?

A *república* comtiana não é *democrática*. O projeto sociopolítico de Comte que temos acompanhado desde o primeiro capítulo, toma a forma, no positivismo religioso, de uma *sociocracia*. A socioantropologia das regulações, característica da assunção religiosa e ética do saber e das práticas de organização, estabelece dentro da organização da cidade comtiana um jogo complexo de ordenações ternárias e binárias, com foco sobre um elemento descentralizado, estruturação que se inspira num princípio que evocamos no primeiro capítulo: o progresso supõe três termos, a ordem combinatória exige um grupamento binário, e a síntese se efetua a partir de um centro *principial*.

Através dessas ordenações, gostaríamos de sugerir não apenas a ambição sufocante da sistematização comtiana, mas também seu paradoxo: parece que a sistematização, levada até as ordenações cujos princípios de disposição seriam postulados, acabaria por perder contato com a realidade e por confinar a exigência de realização da unidade humana numa espécie de estruturalismo formal que o positivismo se empenha, sob outros aspectos, em combater.

Segundo o princípio da religião positiva, a vida humana consiste em *conhecer, amar* e *servir* o "Grande Ser". Essa tripartição significa dividir os poderes segundo o esquema seguinte: o poder *intelectual* (espiritual) pertence aos padres-filósofos. Esses depositários da razão nos instruem sobre o mundo e nos subordinam ao passado. O poder *moral* (espiritual) pertence às mulheres. Estas personificam o "Grande Ser"; elas nos empurram para o futuro. O poder *material* se compõe do patriciado e do proletariado. A força está concentrada nos ricos, depositários da vontade do "Grande Ser", mas ela só pode ser exercida graças aos proletários, que a tornam eficaz; os primeiros garantem a continuidade, particularmente pela transmissão das riquezas, e os segundos, a solidariedade. A forma da constituição "sociocrática" é, contudo, secundária em relação à divisão binária em poder espiritual e poder temporal. O comando pertence exclusivamente ao poder material, o Estado, cuja missão é prática, especial e parcial. A disciplina religiosa baseando-se sempre no livre assentimento dos indivíduos, o poder espiritual, independente do primeiro, aconselha sem nunca comandar, e seu domínio próprio é o do teórico, do geral e do universal.

A Igreja positivista oferece uma direção intelectual, uma consagração moral, uma regulação prática, e combina as três partes da existência humana. Estruturalmente, a religião tem, então, uma arquitetura ternária; ela se compõe de um dogma, um culto e um regime. O dogma nos revela, pela ciência, a ordem real. O culto nos familiariza com a Humanidade ao idealizá-la. O regime fornece uma moral encarregada de regular a conduta privada ou pública.

Essas três partes são necessárias. É preciso *conhecer* o Grande Ser para amá-lo mais, é preciso *amá-lo* para melhor *servi-lo*. Mas, ainda aí, a forma ternária (1, 2, 3) tende a se apagar em benefício da divisão binária, em fé e amor. O dogma é a base do culto e o culto a base do regime, mas a diferença maior se passa entre o dogma e o culto. Ao só reconhecer como deusa a Humanidade, o positivismo torna o culto e o regime homogêneos e preenche o espaço que a teologia católica havia introduzido entre eles ao relacionar o culto a Deus, e o regime (as normas morais) aos homens. Enquanto a fé (1) é teórica, o culto e o regime (2 e 3) são, em graus diferentes, afetivos e práticos. O domínio do culto é, todavia, mais afetivo, posto que consiste no desenvolvimento dos instintos simpáticos e, quanto a isso, ele desempenha o papel principal. Assim se restabelece um centro de simetria (1, 2, 3): o culto completa e resume o dogma, prepara o regime, idealiza o primeiro tendo em vista idealizar o segundo; ele reflete, segundo Comte, a religião inteira.

Notemos que a ciência só representa uma parte da religião; no calendário ela só é festejada dois meses em treze (o calendário positivista compreende treze meses de 28 dias, e cada mês é dedicado a um personagem encarnando um tema histórico: Arquimedes para a "ciência antiga", Gutemberg para a "indústria moderna", Bichat para a "ciência moderna", etc.). A demonstração traz uma disciplina; ela substitui de fato "a discussão estéril ou dispersiva" pela "submissão ativa e voluntária, que deve enobrecer até as fatalidades mais grosseiras, associando a isso o aperfeiçoamento moral" (SPP, IV, 267). O *dogma* não tem outros objetivos senão representar a ordem universal e conceber a relação do homem com o mundo através da cosmologia, da biologia e da sociologia. Objeto da fé positivista, a ciência serve essencialmente para dobrar a subjetividade ante o real, impedir as divagações do sujeito e fundar sobre bases terrenas a convergência dos espíritos.

Ecoando a sabedoria estóica, a liberdade, segundo Comte, "consiste em seguir sem obstáculos as leis próprias ao caso correspondente" (Cat, 122). "Nossa inteligência manifesta sua maior liberdade quando se torna [...] um espelho fiel da ordem exterior" (Cat, 123). Da mesma forma, a vontade é livre "quando nossas boas inclinações adquirem um ascendente suficiente para tornar a impulsão afetiva de acordo com seu verdadeiro destino, superando os motores contrários" (Cat, 123). A recusa de pensar a liberdade como uma exceção às leis, ou como um *buraco* dentro do ser (para Sartre, por exemplo, a liberdade é *secretada* do nada), confirma no plano metafísico (num sentido comtiano) a aversão do positivismo pelo *negativo*.

Passemos ao *culto*. Ele designa o exercício graças ao qual nós nos deixamos modificar pelo que não pertence ao reino objetivo: as mulheres e os mortos. A religião se reflete inteira nessas cerimônias, sua liturgia, seus ritos, suas festas, no exercício da sociabilidade. *Culto* está ligado ao verbo *cultivar*: a sociabilidade é conservada ao ser exercida.[1]

Mas para que serve um culto dos mortos? O erro do misticismo é representar a vida objetiva perdurando em um além. Os mortos, explica Comte, não são mais dominados pelas leis da matéria, nem pelas leis vitais, mas continuam existindo moral e socialmente em nós, em particular graças às imagens que, na oração, reanimam em todos os sentimentos e os pensamentos suscitados pela pessoa desaparecida. Melhor: a vida subjetiva preserva do envelhecimento e da corrupção, imortaliza os defuntos em uma imagem idealizada (Clotilde, a Beatriz de Dante, etc.). O tempo é ritmado no culto público pela comemoração do passado, regulada pelo calendário positivista. Com seu retorno periódico, os ancestrais trazem ao presente a estabilidade que falta à existência direta. Assim, a morte se torna a principal fonte de sistematização da vida, impondo à atividade sempre inquieta dos vivos a fixidez própria ao reino do irrevogável.

---

1. O hábito é uma peça essencial dentro do dispositivo das regulações socioantropológicas, pois age como um agente de conversão na direção das boas inclinações, provocando estas ao remetê-las a seu próprio *encanto*. A tese de Bichat segundo a qual "o hábito de agir aperfeiçoa a ação" pode contar na formação dessa doutrina. O tema do hábito percorre as filosofias francesas do século XIX, de Maine de Biran a Bergson, passando por Ravaisson.

O *regime* regula a atividade em seus diversos aspectos, da alimentação e da higiene até a vida pública, resumida no lema "Viver às claras", passando pela sexualidade, que Comte subordina à ternura sem recorrer ao ascetismo. O que resta então de tipicamente religioso, poder-se-ia perguntar, nessa religião sem messias, sem absoluto e sem transcendência, fora dos valores socioantropológicos de ligação e de concentração, sobre os quais Comte insiste talvez em demasia, arriscando-se a ocultar a "promessa" que vivifica em profundidade toda religiosidade? A posição central – mediadora e sintetizante – do culto, revelada por nossa análise, traz aqui um elemento de resposta. O culto realiza um grande esforço: fazer de modo que aqueles a quem amamos, e que estão mortos, ainda estejam "aqui". O sentimento propriamente religioso de Comte, talvez logo em seguida à morte de Clotilde, é de que é possível salvar do desaparecimento aqueles que perdemos irremediavelmente, permitindo-lhes reviver "em nós" e "por nós". Mas a religião positiva difere do cristianismo no ponto em que a imortalidade é nela confiada a "outro", tendo em vista uma ressurreição *terrena* e, por conseguinte, mais garantida. Comte salva da aniquilação tudo que não pode (não pode mais) existir "objetivamente", reabilitando (no culto e não no dogma, quer dizer, no plano afetivo e não no plano do conhecimento) uma forma de "idealismo subjetivo" que lhe serve para definir uma nova *espiritualidade*.

A arte na cidade

Já vimos que não é a inteligência que ocupa a parte central na economia geral da realidade humana. Suponhamos, diz Comte, uma Humanidade liberada das necessidades materiais: percebemos que a expressão artística superaria então a pesquisa teórica. Essa ficção diz bastante sobre a concepção comtiana da natureza humana. "Sente-se assim o quanto a arte convém melhor à nossa natureza do que a ciência e mesmo a indústria" (SPP, II, 145). No positivismo religioso, a ciência é subordinada à arte, que corresponde melhor a nossas aspirações íntimas. O positivismo não é portanto antiartístico.

> A nova filosofia não parece merecer as censuras ordinárias de tendência antiestética, senão quando a confundimos com seu preâmbulo científico, do qual tão poucos juízes sabem hoje em dia distingui-la. (Ens, 301-2)

Na religião da Humanidade, a arte está, então, presente em todos os lugares: ela deve idealizar o dogma, o culto e até o regime.

O próprio da arte é a *idealização*, que consiste em esquematizar as realidades terrestres purificando-as. Na classificação das belas-artes, a poesia vem em primeiro lugar; é "a arte fundamental", a mais geral, a menos técnica, a arte da idealização por excelência. Seu campo se estende à língua literária em geral, que nada é senão a língua comum aperfeiçoada. A música, a primeira das "artes especiais", suscita emoções espontâneas e profundas, na medida em que ela se dirige à audição, que é um sentido desvinculado da vontade. As outras artes especiais, aquelas das "formas", pintura, escultura, arquitetura, idealizam menos do que imitam; a arquitetura exibe sobretudo uma beleza "material", mas isso não impede que os edifícios públicos reflitam a sociedade de seu tempo.

Comte atribui à arte pelo menos quatro funções, das quais cada uma permite caracterizar um aspecto da teoria estética do positivismo.

a) Uma função *ideológica*, de proselitismo. Considerando que são os afetos que desempenham o papel dominante na economia da natureza humana, e não a inteligência, Comte põe em relevo o poder mediático da arte na comunicação entre as elites e as massas, e na formação ideológica da opinião pública pelo poder espiritual. Ele exprime bem cedo essa forma de instrumentalização do fascínio exercido pela arte:

> Nunca será possível fazer a massa se apaixonar por um sistema qualquer provando-lhe que se trata daquele cuja marcha da civilização, desde sua origem, preparou o estabelecimento e que ela convoca hoje para dirigir a sociedade [...] O único meio de obter este último efeito consiste em apresentar aos homens o quadro animado das melhorias que o novo sistema deve trazer à condição humana [...]. (P, 105)

b) Uma função *íntima*, afetiva e espiritual. A arte se enraíza na manifestação natural das emoções e as exprime de tal maneira que a expressão reage sobre a afeição. A poesia é a alma do culto, torna o culto mais comovente, mais eficaz. Comte aconselha a releitura cotidiana de *Imitação de Cristo*, de Thomas A. Kempis[2], substituindo Deus pela Humanidade. A oração, regularmente endereçada à Humanidade ou a seus dignos representantes, depurada de qualquer demanda egoísta, consiste em derramamentos, efusões, em que intervêm livremente a poesia, o canto e até o desenho, e onde as felizes combinações dos signos e das imagens reavivam o sentimento até o fervor: ela se torna assim "uma verdadeira obra de arte" (Cat, 167; SPP, IV, 116). A visão positivista do mundo não é desencantada; ao contrário, ela é *encantada* pela arte, especialmente por uma poesia laicizada que

---

2. Livro de devoção do século XV, *L'Imitation de Jésus-Christ* foi traduzido para o francês por Corneille.

exalta realidades inteiramente *terrenas*, mas que não é mais esse testemunho divino de uma harmonia universal e analógica do universo com o qual sonhara o Iluminismo do século XVIII.

c) Uma função *social*, festiva. A arte deve permitir aos sentimentos se exprimir em uma espécie de comunhão afetiva a que o povo compareça por si mesmo. Tal é o sentido das festas, que são espetáculos sociais destinados a vivificar periodicamente a comunidade à qual pertencemos. O amor da Humanidade passa na verdade pelos espetáculos que ela oferece de si mesma. Daí a importância de criar a decoração: Comte regula a ordenação estética do templo positivista, da mesma forma que justifica a orientação do edifício em direção a Paris, a "Meca" da religião universal. Para que a arte possa desempenhar sua função social, duas condições se impõem. Primeiramente, é preciso que a arte seja acessível a todos, não menos ao proletário do que ao acadêmico. Comte condena o hermetismo e tudo o que pode se assemelhar a uma arte conceitual. Ele quer voltar a dar à arte sua função própria que é, diz ele, cultivar os sentimentos benevolentes. Em segundo lugar, é preciso devolver à arte sua autonomia em relação ao político. Comte denuncia a esse respeito o dirigismo dos governos na organização das festas comemorativas.

d) Uma função *épica*, de celebração. Comte planeja a missão do poeta: ele cantará a Humanidade, sua história, sua potência material, seu progresso intelectual e moral; extrairá seus efeitos do espetáculo da natureza humana, como todos os grandes gênios artísticos do passado. A epopéia reanimará as épocas esquecidas, glorificando os méritos de cada uma delas. Isso vale para todas as artes: a estética positiva deve nos tornar sensíveis à unidade humana, é assim que ela deve encantar e embelezar nossa existência. Comte admira Homero, Dante, Walter Scott,

Manzoni, Byron – só podemos lamentar que ele tenha morrido antes de *A legenda dos séculos* –, o que permite responder à opinião segundo a qual Comte teria rejeitado peremptoriamente o movimento romântico. O que ele repele, com certeza, na arte de seu tempo, é a exaltação da "maravilhosa sabedoria da natureza" na qual percebe uma mistificação. Mas propõe, ao contrário, cantar os prodígios do homem, "sua conquista da natureza, as maravilhas de sua sociabilidade" (C, 1. 60, II, 786), e alcança assim uma tendência igualmente atestada pelo gosto romântico.[3]

Na articulação do belo, do verdadeiro e do bem, o lugar designado à arte mostra que esta é comandada por um imperativo moral. O positivismo não pretende refrear a imaginação, mas apenas canalizar seu uso a fim de moralizar os efeitos. A preponderância da imaginação sobre a razão e sobre o coração corresponderia a um desregramento das faculdades. Em um contexto social desregrado, o puro *esteticismo* se tornaria um fator de imoralidade: conseqüência atestada, lembra Comte, pela moda atroz dos *castrati*. A tarefa da arte, portanto, deve ser circunscrita. A imaginação não deve levar a melhor sobre o sentimento, e não deve se desviar das conclusões sábias. O poeta não inventa, ele nos familiariza com a epopéia humana, representando sob uma luz ideal a ligação do passado e do futuro.

A arte não substitui a filosofia, ela celebra os resultados desta quando estes começam a se impor na opinião pública. Ocupa uma posição central entre a filosofia e a política, trazendo para o real as contemplações abstratas do

---

3. Vigny (que Comte havia lido) justificava sua obra histórico-poética em termos quase comtianos: "O estudo do destino geral das sociedades não é menos necessário hoje nos escritos do que a análise do coração humano". Ou ainda: "A humanidade inteira precisa que suas sinas sejam para elas mesmas uma seqüência de lições" (*Œuvres*, Pléiade, t. II, p. 19 s.)

teórico e incitando o prático às contemplações desinteressadas. Da mesma forma, a arte e a filosofia, longe de estarem separadas pela compartimentação das especializações, dependem de uma cultura teórica fundamentalmente indivisível. Diferente de Platão, Comte não afugenta os artistas da cidade, mas suprime todas as *classes* estéticas, e confia a arte regenerada ao sacerdócio; os padres, filósofos que são, tornar-se-ão, além disso, poetas.

A cultura artística é indispensável a nosso aperfeiçoamento moral, nem que seja para compensar a secura inerente à cultura científica. É por isso que seria preciso acrescentar às funções evocadas anteriormente a função educativa, que resume todas: voltaremos a isso.

A educação: o indivíduo como a Humanidade

Comte foi censurado pela subestimação do indivíduo, conduzido em seu sistema à categoria de *abstração*. Mas, como a metáfora que identifica a Humanidade a um indivíduo tem desde o início o *status* de uma homologia completa, poderíamos também considerar toda filosofia comtiana da história como metaforicamente transponível para o indivíduo, por meio de regras de transposição que, é verdade, não foram estabelecidas pelo autor. De fato, a Humanidade está só, enquanto a sobreposição das idades numa sociedade oferece o espetáculo de uma apresentação de todos os modelos de regime mental possíveis e existentes. Só essa reflexão requer uma filosofia da educação (como a criança e o adulto vão se comunicar?), e poder-se-ia sustentar sem paradoxo que a filosofia de Comte é, desde o começo e com pleno direito, uma filosofia do *indivíduo*.

A meta da educação positiva é *moral*. Trata-se de introduzir o indivíduo na Humanidade. A educação visa desenvolver a sociabilidade em detrimento do egoísmo.

"A educação deve sobretudo predispor a viver para o outro, a fim de reviver, no outro e pelo outro, um ser espontaneamente inclinado a viver por si e em si" (Cat, 208). A ciência encontra-se subordinada à sabedoria.

A evolução individual deve reproduzir todas as fases da "iniciação coletiva". A educação acompanha uma progressão e uma maturação naturais, sem solavancos. Concretamente, ela compreende duas partes, uma "espontânea", outra "sistemática", completadas por um período de formação prática.

a) A educação *privada* que, confiada à mãe, consiste na cultura das artes, das línguas e dos sentimentos morais, predispõe à fé pelo amor e reproduz no indivíduo o desenvolvimento coletivo até a Idade Média. É pela cultura artística, e não pela cultura científica, que começa a educação positivista. Comte está convencido disso:

> Testemunhar algum interesse pelas belas-artes será certamente, em qualquer momento, o sintoma mais comum de um verdadeiro nascimento para a vida espiritual. (C, 1. 53, II, 279)

A adoração pela mãe prepara para o amor universal. Entre sete e catorze anos, o estudo das línguas ocidentais limítrofes tempera as predileções nacionais, familiarizando a criança com alguns aspectos das culturas vizinhas. Nessa idade, em que a imaginação predomina, a criança simpatiza com as populações fetichistas e politeístas, e os pais devem lhe explicar que suas crenças são normais enquanto convierem a sua idade.

b) Na idade de catorze anos começa a parte *sistemática*, assumida pelo sacerdócio. O adolescente não é, porém, arrancado da família. A preponderância do coração sobre o espírito requer a continuidade do laço familiar, cujos efeitos quotidianos compensam a secura dos ensinos teóricos, e a educação assume assim, na continuidade, a harmonização da casa e da escola.[4]

A educação pública se baseia numa grande idéia pedagógica, a cultura enciclopédica, por onde Comte chega à idéia de *paideia* concebida na Grécia antiga como ideal de um saber totalizado, de um ciclo que se deve percorrer na juventude. O indivíduo não tem as mesmas capacidades no domínio teórico e no domínio prático. É impossível *fazer* tudo, mas me é permitido tudo *conceber*. O que deve caracterizar a cultura teórica é então sua *indivisibilidade*. Não se trata de formar geômetras ou físicos, mas de iniciar ao espírito de conjunto oferecendo um ensino útil a todos, em particular aos proletários. Em vez de uma educação compartimentada, limitada às competências técnicas, Comte propõe uma disciplina e uma cultura universais, baseadas na localização dos saberes no conjunto ordenado dos conhecimentos. Comte prevê também viagens ao estrangeiro, graças às quais os proletários desenvolveriam sua cultura estética. Para escapar do espírito do detalhe, do formalismo, não existe outro modelo pedagógico além do espírito filosófico dos professores, o único habilitado a reformar o espírito matemático.

No ápice da educação, a moral jorra sobre todas as ciências e as vivifica. A "influência simpática" deve "reanimar" e "retificar" os estudos matemáticos que, por sua vez, devem represar os excessos afetivos. Sem os sentimentos, a razão corre o risco de errar, de nos dispersar, de nos tornar orgulhosos. É assim, por exemplo, que as longas cadeias de deduções, que afastam, ao menos na aparência,

---

4. Admite-se, habitualmente, que a política escolar de Jules Ferry exprime a influência do comtismo. Gostaríamos de relativizar essa tese: a adesão – ao menos parcial – de Ferry ao positivismo não deve ocultar a diferença de pontos de vista sobre o lugar respectivo que é preciso atribuir, no desenvolvimento da criança, à casa e à escola. Comte seria um teórico da "escola"? A questão merece ser levantada.

da ordem exterior, fazem algum sábio esquecido acreditar que só deve suas conclusões à sua criatividade.⁵ Assim, "os estudos matemáticos são pouco adequados para cultivar a veneração e sobretudo a humildade, posto que o orgulho dedutivo suscita um sentimento exagerado de importância individual" (Synth, 731). A harmonia humana só pode repousar sobre o sentimento, única faculdade com competência para exercer sobre todas as outras uma função reguladora.

O próprio sentimento precisa ser cultivado em relação às outras faculdades e na direção da unidade humana. Em termos religiosos, isso significa que o sacerdócio coordena o dogma, o culto e o regime. Em termos pedagógicos, isso significa que a educação deve ser realmente universal, quer dizer, que ela deve desenvolver sem restrição, mas em uma ordem coerente à da natureza humana, todas as faculdades. Comte, pedagogo por vocação, é também, ao lado de Montaigne, Locke, Rousseau e Kant, um grande pensador moderno da educação.

---

5. Essa utilização solitária das matemáticas é igualmente criticada por Bachelard, para quem a escolha de uma axiomática, por exemplo, implica uma retomada da questão *cultural* do espírito. "Resumindo, não temos direito à construção solitária; uma construção solitária não é uma construção científica. E, por conseguinte, não dispomos de uma liberdade absoluta na criação de axiomáticas e de teorias" (*L'Engagement rationaliste*, p. 59).

Conclusão

Positivismo e realidade

As diferentes formas de positivismo que repertoriamos no início deste livro têm em comum a referência constante à *realidade* compreendida como o pólo de objetividade mais fecundo, e mesmo o único pertinente.[1] Parece que a palavra *positivo* possui a dupla prerrogativa de se relacionar ao que é *real* e de se opor ao *negativo*. Essa conjunção de sentidos tem uma significação que Bergson contribuiu para atualizar ao dizer que "a negação é apenas uma atitude tomada pelo espírito a respeito de uma afirmação eventual", que a negação, dito de outra maneira, é um julgamento feito secundariamente sobre uma afirmação, ao passo que a realidade, especialmente o dado sensível, impõe uma afirmação.[2] O positivo, no sentido forte do termo, se relaciona plenamente com a realidade. É em torno dessa referência capital que se irradiam as outras utilizações: *positivo* pode então

---

1. Assim, René Poirier pôde escrever a propósito dos neopositivistas: "A ciência possui um valor quase ontológico, quero dizer que sua objetividade é real. É que, para eles, o fenômeno, a experiência, constituem a verdadeira realidade e que a linguagem que os exprime, os modelos que os figuram, os 'simulam', aderem praticamente a ela e participam de sua 'realidade'" (*Les Études Philosophiques*, 1967, t. 4, p. 411).
2. H. Bergson, *L'Évolution créatrice*, Paris, PUF, Quadrige, p. 288.

remeter à experiência, ao fato concreto e observável (em oposição ao quimérico e ao imaginário), à atividade construtiva do espírito objetivo (que é estabelecido em relação ao que é bruto, natural), etc. *Positivismo* se torna pejorativo quando indica uma preocupação exclusiva e redutora pelos *fatos*. O positivismo de Comte se inscreve nesse espaço de valorização do real, cujo sentido ele enriquece. A *positividade* acaba significando para ele não apenas o máximo da realidade, mas também a realidade completa, concluída, totalizada em uma unidade harmoniosa. É nesse sentido que compreendemos a seguinte definição:

> Nada caracteriza melhor a positividade do que o acordo, ao mesmo tempo sistemático e espontâneo, que ela estabelece habitualmente entre todos os aspectos de nossa existência individual ou coletiva. (SPP, IV, 45)

Se admitirmos a importância capital do projeto sociopolítico para Comte, então é preciso ver em seu positivismo um empreendimento de *realização*, de atualização do real, mais dinâmico e teológico, que não o deixa perceber a simples limitação do conhecimento dos fatos.

Da mesma forma, o caminho percorrido depois do "Prefácio" nos permite avaliar agora o intervalo que separa o positivismo de Comte dos positivismos posteriores.

1. O positivismo de Comte não é um *cientificismo* no sentido de uma *sutura* prejudicial à política, à poesia e ao amor. A sistematização das concepções científicas se articula com um objetivo sociopolítico que atravessa toda a obra, e que conduz Comte a uma reorientação religiosa e ética, que traz às ciências um ponto de vista normativo externo, um princípio ativo de regulação fundado no amor e receptivo à poesia. O papel do elemento *subjetivo*, crucial na segunda fase, mostra-se mais a favor de

uma antropologia do saber imantada por uma visão resolutamente filosófica da condição humana.

2. A imagem de uma história *factual*, tributária do cientificismo e indiferente a seu tempo, não convém nem um pouco à visão comtiana da história (e seria preciso acrescentar que ela simplifica exageradamente a posição de Seignobos[3], por exemplo). Comte recusa o privilégio que os manuais escolares da Terceira República atribuirão ao acontecimento singular e discreto: quer se trate da invenção da tipografia ou da Revolução Francesa, ele não considera um acontecimento sem definir a série da qual ele faz parte. Sua filosofia da história é indissociável de uma perspectiva que valoriza a continuidade, a longa duração, os regimes de saber, as conexões e solidariedades dinâmicas que condicionam a evolução dos diferentes componentes da civilização. O pensamento comtiano da história leva antes a considerar, em um contexto histórico e uma estratégia metodológica seguramente diferentes, a escola teórica da década de 1930 (L. Febvre, M. Bloch).

3. Comte rejeita a idéia de uma formalização do comportamento científico, especialmente sob a forma de uma gramática generalizada. Contra o formalismo lógico-matemático, ele inventa uma nova lógica normalizada por imperativos éticos. E toda sua filosofia se vale de um discurso reflexivo, que se inclina sobre as condições históricas de produção de idéias. Desse ponto de vista, o positivismo de Comte traz o selo daquilo que chamam hoje em dia de a *filosofia continental*. A aproximação de Comte e do *neopositivismo* está circunscrita na divisão entre enunciados dotados de sentido e aqueles que são "vazios de sentido para nós". A esse respeito, é fato que Comte

---

3. Charles Seignobos (1854-1942), que é tido como representante de uma história "factual" ingênua, havia, no entanto, procurado definir um método rigoroso articulado a uma "interpretação psicológica por analogia".

antecipa genialmente uma das teses capitais do positivismo anglo-saxão do século XX, em sua formulação exata: "toda proposição que não é redutível à simples enunciação de um fato, particular ou geral, não poderá ter nenhum sentido real e inteligível".

4. Finalmente, Comte escapa de toda acusação de banalidade. Existe de fato para ele um realismo que consiste em privilegiar o útil e o eficaz, e em fugir da ilusão, mas esse objetivo é subordinado a um fim humano e coletivo.

Tudo isso faz de Comte um pensador "atual"? Sugerimos diversas vezes a pertinência do pensamento comtiano, não na esperança irrisória de reabilitar Comte ou de impor dogmaticamente suas soluções, mas simplesmente tendo em vista levar suas reflexões à discussão, com a convicção de que o interesse dessa filosofia pode se renovar à medida que surjam novos problemas.

A filosofia não é um espaço especulativo autônomo mobiliado pelo autodesdobramento dos conceitos. Cada filosofia responde a questionamentos que só fazem sentido em uma determinada *seqüência* histórica, social e cultural. Pensamos que é próprio da filosofia se apropriar desses questionamentos segundo uma dinâmica precisa que consiste em uma *problematização* singular, operando *ordenações* inéditas a partir de deslocamentos *conceituais*. A "atualização" de uma doutrina pode, assim, ser efetuada seguindo duas modalidades, irredutíveis uma à outra, que estão relacionadas ou ao laço *problematização-conseqüência* (esta seqüência ainda é a nossa? Comte responde a *nossos* problemas?) ou aos *deslocamentos conceituais* (a quais deslocamentos os conceitos do positivismo, por sua vez, têm sido submetidos? Para que servem hoje em dia?).

Nossos problemas ainda estão ancorados na seqüência "pós-revolucionária" que dava sentido à problematização comtiana, mas somente em parte, já que pertencemos também a outras seqüências, que se superpõem com diferenças associadas ao acontecimento de referência ou ao critério escolhido (Auschwitz, Hiroshima, a física quântica, Internet, etc.), o que impõe um olhar distanciado sobre o comtismo. Então, o que faremos disso?

De Comte ao Pacs*

Se existe uma prova confirmando que não somos completamente oriundos da seqüência pós-revolucionária na qual se inscreve o pensamento comtiano, esta é nossa confusão diante de dois problemas importantes que a democracia ainda não solucionou realmente: *o que* deve o político decidir? E *sobre quem* recai essa decisão? A inaptidão do político para levar em consideração a opinião pública e para organizar de maneira construtiva o concerto democrático se traduz por uma vida política confusa, dominada pelos debates enfurecidos que repercutem de forma selvagem os conflitos de preconceitos expressos na rua (nós vimos isso em relação ao Pacs), ou pela concentração de julgamentos de especialistas formulados em comissões afastadas do povo. Simplificando ao extremo uma situação cuja análise poderia ser objeto de outro livro, digamos que o *espaço democrático* tende a se construir fora da vida política propriamente dita, sem que se possa dizer que esta tenha perdido toda sua legitimidade.

A isso se acrescenta outro problema, ele também associado à seqüência pós-revolucionária, mas no sentido da revolução industrial e econômica da qual Comte tinha avaliado o peso: o papel decisório do político tende a se

---

* Pacs: Pacto Civil de Solidariedade. Dispositivo de Lei na França, desde 1999, que estabelece um contrato entre duas pessoas maiores de idade, de sexos opostos ou não, visando organizar uma vida em comum. (N. T.)

apagar em benefício de um sistema econômico capitalista-liberal onipotente que impõe suas normas bem além do mundo dos negócios, pois ele se insinua no domínio das representações culturais graças a estratégias imanentes de reificação (não vimos em 11 de agosto de 1999 um fenômeno natural, um eclipse solar, se transformar em mercadoria?). A autoridade política, não mais podendo responder totalmente a uma imbricação político-econômica mundial que ela não controla, continua a participar do jogo da "democracia" diante de uma opinião cética, desiludida mesmo, que reage contra o "poder do dinheiro" e contra a "corrupção" (Comte analisou finamente esse fenômeno) através de movimentos *apolíticos* cujo único objetivo seria de *regular moralmente* as "decisões" com conseqüências *humanas* (a "vaca louca", a manipulação genética, o nuclear, etc.).

Não insistiremos sobre a necessidade de uma reorganização completa do ensino público sustentado por novos "valores": a colocação em perspectiva da situação da Humanidade dentro da *ordem do mundo*, com a descompartimentação das disciplinas que ela implica, parece-nos corresponder melhor às necessidades intelectuais e sociais de nossa sociedade que essa retórica "filosófica" do *respeito* que, em sua abstração ético-jurídica, assume apenas imperfeitamente sua missão de formação da cidadania e se revela incapaz de estancar a violência.

Evocaremos somente a questão sociopolítica central: a separação dos poderes espiritual e temporal. Comte observa um duplo fenômeno: de um lado, a *globalização tecnocientífica e econômica* exige, agora, competências específicas da parte dos governantes e demanda, portanto, uma *tecnocracia* política (hoje, uma boa quantidade de nossos dirigentes é formada por grandes escolas de administração, mas Comte pensava antes nos grandes industriais); de outro lado, a *opinião pública* não desempenha mais, na sociedade moderna, um simples papel de figuração. Comte limita a tecnocracia ao domínio político e desloca as decisões *morais* (para nós: o aborto, o Pacs) na direção do que ele chama de o "poder espiritual". Assim, ele libera um conceito de "metapolítica": as mulheres e os proletários, educados pelos filósofos "enciclopedistas" (que podem explicar os julgamentos pronunciados pelos especialistas, por exemplo sobre a questão dos organismos geneticamente modificados), não têm, é claro, que tomar decisões políticas, mas podem exercer sobre estas uma função reguladora em particular, desde que se trate de escolhas *humanas*, e isso dentro de uma completa *independência* em relação aos jogos de poder dos mercados financeiros. Comte descobriu essa esfera como "sociólogo", mas também como "psicólogo": no momento em que se pressente uma profunda mutação nas relações sociais – e simplesmente humanas – que dão o ritmo à vida dos empreendimentos, poderá ser contestado o ponto de vista segundo o qual cada trabalhador aspira ao reconhecimento de sua utilidade e de seu mérito, assim como a uma retribuição material?

Comte nos ensina a isentar de compromisso nosso "sistema de idéias gerais" da ideologia inerente ao sistema capitalista-liberal, e isso, convém observar, sem recusar a economia de mercado. Demasiadamente "conservador" para uns, demasiadamente "progressista" para outros, Comte coloca, na verdade, a tecnocracia política sob *controle* "democrático" de uma instância *metapolítica* ideologicamente *pacifista* e *altruísta*. Se nos for permitida essa interpretação bastante livre, Comte nos ensina a construir o espaço democrático não dentro de movimentos informais, mas em uma esfera metapolítica estruturada em torno dos filósofos (mas poderemos, contudo, confiar neles?) como *força moral* ordenada por *valores comuns*.

Esta maneira de ler Comte não significa de modo algum a adesão a uma solução que, por outro lado, reduz perigosamente a *conflitualidade* democrática, às vezes até a intolerância, em benefício de uma *comunhão* intelectual e moral que significa uma *uniformização* da opinião! Nós, que não pertencemos a nenhuma igreja positivista, nem tampouco a qualquer partido político, reprovaremos a Comte não ter realizado uma abordagem "transcendental" das condições e das regras do concerto democrático. Certamente, toda discussão supõe, de início, certa *unidade* de princípios, mas precisamos entrar em acordo sobretudo em relação à razão que funda nosso desacordo. Por exemplo, pode-se julgar que o aborto é um crime se, em função de certos critérios, devamos considerar o embrião como assimilável a uma pessoa; uma vez admitido isso, podemos discutir sobre a determinação desses critérios, sua existência, etc., e a razão do desacordo, se desacordo houver, será circunscrita à escolha, bem definida, de tal ou tal critério que combinamos procurar numa atitude comum. Comte, por sua vez, aplica, ao que parece, a categoria da unidade não às condições do julgamento, mas aos próprios julgamentos.

Positivismo e totalitarismo

Sistematização religiosa e totalização, "regeneração final" e uniformização da opinião: seria o comtismo totalitário? Essa pergunta só faz sentido se considerarmos o totalitarismo como uma *forma* conceitualmente homogênea a um sistema de pensamento, o que não é evidente, levando em conta que estamos lidando, na origem, apenas com práticas políticas historicamente atestadas que além disso proclamam suas oposições mútuas. Se admitirmos as condições dessa comparação, surge uma primeira linha de demarcação: enquanto o totalitarismo submete a vida privada e o direito de expressão ao controle do Estado substituído por uma organização administrativa centralizada, Comte – que propõe "viver às claras" e parece autorizar uma vigilância "panóptica"[4] – garante à opinião uma independência radical em relação ao aparelho do Estado, e baseia a autoridade espiritual na livre adesão.

Daí, uma outra oposição: enquanto o totalitarismo conjuga disciplina e selvageria, e utiliza como instrumento privilegiado o terror, Comte recusa por princípio qualquer forma de violência, inclusive a violência legal:

> Quando se elabora um regime caracterizado pela combinação contínua de uma atividade pacífica com uma fé demonstrável, devemos primeiro renunciar a fazê-lo prevalecer de outra forma que não pelo livre assentimento do público e de seus chefes. Todo recurso à violência se tornará contraditório em relação ao estabelecimento de uma disciplina na qual sua total eliminação se acha em todo lugar erigida em dever fundamental. (SPP, IV, 374)

Avancemos ainda mais: a idéia de *totalidade* não possui a mesma significação em Comte e no totalitarismo. Sob o disfarce de uma racionalidade artificial, o totalitarismo deixa entrever uma concepção *substancialista* da fusão dos indivíduos dentro do todo coletivo. A "comunidade nacional", o "povo" ou a "classe" aparece aí como uma totalidade existindo *em si* e *por si*, e cujo valor próprio justifica o sacrifício de seus elementos, se necessário. E é justamente

---

4. No Panopticon de Jeremy Bentham (1748-1832), os prisioneiros, trancafiados em células periféricas, são vigiados de uma torre central, portanto submetidos a uma visibilidade total. Foucault viu nesse dispositivo disciplinar o exemplo típico de uma máquina de objetivar os corpos e de criar pontos de aplicação de um poder imanente; cf. *Surveiller et Punir*, 1975, p. 197-229 [ed. bras.: *Vigiar e punir*, Petrópolis, Vozes, 1987].

porque confere um alcance ontológico aos laços naturais ou históricos que o discurso totalitário secreta uma *mística* (do solo, da raça, da revolução, etc.) que ela mesma chama uma *estética* já em vigor no processo *fantasmático* – "espetacular" e especular, narcíseo – de substancialização. O comtismo, por seu lado, é um relativismo que dá valor moralmente significativo somente à Humanidade e ao indivíduo. O organicismo social de Comte, parcial e não-opressivo, vem de um emprego metafórico crítico e metodologicamente controlado, em que o todo e as partes são convocados como categorias relativas. Se Comte faz um uso suspeito da *realidade*, este é a propósito da Humanidade; estamos então lidando com um *universalismo* contestável, sem dúvida, mas antitotalitário. A mística *universalista* de Comte – decerto afastada do racionalismo das Luzes – se opõe conceitualmente à mitologia *substancialista* do totalitarismo. Tendo isso sido estabelecido, a cidade positivista nos parece sufocante porque ela *canaliza* as energias, mas Comte nos deixa livres para nos abstrairmos.

Correndo o risco de apresentar uma interpretação de Comte demasiadamente livre e surpreendente, sustentaremos que sua temática religiosa da *morte* e da *memória* reencontra uma atualidade comovente "após Auschwitz", visto que pode evocar para nós o salvamento simbólico das vítimas do Shoah. Foi censurado às "filosofias da história" envolver com uma "neblina metafísica" a distorção entre a história edificante dos vencedores – cuja continuidade ilustra, dizem, a permanência da opressão – e aquela dos abandonados. Contra o Progresso da Razão, uma corrente anti-historicista se desenvolveu desde a década de 1930, empenhando-se em reunir os "refugos" da história, os dejetos da contingência que o poder ocultou. Ora, Comte, ao lado da celebração da História, acolhe a "pequena memória", com o culto íntimo dos desaparecidos, veneração que toma uma direção estética e fetichista na medida em que a oração dos positivistas é uma "obra de arte" em que a "fetichidade" completa a "positividade", "sem que escrúpulos vãos devam jamais deixar de animar ingenuamente todos os objetos suficientemente ligados à adoração" (SPP, IV, 116).

Pela impressão que suscita em nós, essa santificação laica, estética e fetichista, se aparenta ao gesto artístico de Christian Boltanski que expõe as relíquias dos desconhecidos (*Les Habits de François C.*, 1972) – testemunhos "arqueológicos" e "voyeuristas" de biografias ficticiamente reconstituídas – ou que cria santuários (*Monumentos, Altares, Relicários*) a partir de fotografias de crianças ou de retratos anônimos ladeados de ampolas elétricas na parede, imagens friamente "documentárias" enaltecidas, porém, com uma "aura" que evoca às vezes, por sua encenação ordenada e pelo ambiente opressor das salas de exposição, os registros dos deportados (*Archives*, 1987).[5]

Conceitos vivos

O pensamento de Comte demonstrou sua força desenvolvendo seus efeitos filosóficos bem além de seu terreno original, repercutindo suas noções em domínios variados do saber e mesmo da ideologia política. A referência ao *positivismo* ou aos textos de Comte não tem mais outro valor senão o de uma herança, no sentido de que a problematização específica efetuada por Comte dentro de condições históricas determinadas forneceria ainda a esse sistema de remissões o quadro que delimita *a priori* todas suas possibilidades de utilização. O que está em jogo aqui

---

5. Christian Boltanski nasceu em 1944. Sua biografia, como toda sua obra, provém de uma estranha mistificação. O tema do Shoah só aparece de forma implícita e escapa a qualquer tentativa de recuperação.

é antes a maneira como as idéias de Comte foram deslocadas, retrabalhadas, deformadas, transplantadas para novas teorias e fecundadas para além do que ele teria podido dizer. Ora, a história dessas transmissões, circulações, transplantes, que inclui uma alquimia complexa das teorias (Comte associado a Spencer, e este último aos teóricos do liberalismo, etc.), ainda não foi estudada. Seria emocionante examinar, por exemplo, como uma noção como a de *altruísmo* pôde ser reativada no contexto de uma sociobiologia evolucionista e genética.

Dentro dos limites deste livro, só podemos indicar pistas de pesquisa. Essa dinâmica que espalha o positivismo, que o revivifica em terrenos não positivistas e não comtianos, é confirmada pelos usos já bem conhecidos: do uso "republicano" (Gambetta, Ferry, Littré) e "radical" (Alain) até a utilização pelos ultraconservadores-nacionalistas (Maurras), passando por disciplinas teóricas como a sociologia (Durkheim), a antropologia (de Lévy-Bruhl a Lévi-Strauss), e por usos mais difusos (as múltiplas retomadas da noção de *solidariedade*, a idéia de uma moral *científica*, etc.) ou mais compactos, ao contrário, e de outra natureza, visto que se trata da realização das previsões de Comte em figuras da modernidade esquecidas de suas origens (a secularização da religião, ecologia, transformação da opinião pública em força de pressão, a articulação do local ao global, etc.).

Evoquemos dois desses usos, entre os menos indiretos e os menos obscuros. O primeiro diz respeito à teoria sociológica de Émile Durkheim, o segundo à tradição epistemológica francesa.

1. O estudo da relação entre Durkheim e Comte admite ao menos três abordagens, que apresentaremos na ordem progressiva do grau de conivência que elas revelam.

a) Pode-se evocar primeiramente as *referências* explícitas de Durkheim a Comte no programa de fundação científica da sociologia. Os julgamentos são ambivalentes. Sem falar aqui de Spencer, Durkheim se empenha ao mesmo tempo em retomar e retificar uma concepção da ciência social que remete efetivamente a Comte. Com a distinção da estática e da dinâmica sociais, Comte fixou com um gesto inaugural o método e os quadros da sociologia.[6] Houve correlativamente um sentimento bem vivo da realidade social. Esse julgamento não deve ser subestimado. De fato, Durkheim atribui à ciência da sociedade um objeto verdadeiro, declarando que é preciso "considerar os fatos sociais como coisas", o que significa que a sociologia incide não sobre noções discutíveis, mas sobre realidades consistentes, objetivas, dotadas de uma certa autonomia. Ora, Comte, ao proclamar que "os fenômenos sociais são de fato naturais" teria "implicitamente reconhecido seu caráter de coisas".[7]

Mas Comte não é fiel ao método que indica. Faz sociologia como filósofo, privilegiando as visões de conjunto em detrimento do detalhe dos fatos, enquanto a sociologia deve, ao contrário, forjar técnicas que lhe sejam próprias e desenvolver pesquisas especializadas. Na verdade, Durkheim censura Comte por confinar a evolução social na visão ideológica de um futuro unilinear cego à pluralidade, à particularidade e à própria vida das diferentes sociedades. A Humanidade, compreendida como um macroindivíduo, é um "ser de razão": "O futuro humano tem uma complexidade da qual Comte não suspeita".[8] Comte adota uma prática dedutiva que não convém à metodologia da ciência social. Ele recorre mesmo

---

6. Cf. E. Durkheim, *Textes*, apresentação de V. Karady, Paris, Ed. de Minuit, 1975, t. 1, p. 111.
7. E. Durkheim, *Les règles de la méthode sociologique*, 11. ed., Paris, PUF, 1950, p. 19 [ed. bras.: *As regras do método sociológico*, São Paulo, Martins Fontes, 2007].
8. E. Durkheim, *Textes*, t. 1, p. 111.

a um procedimento escolástico explicando o progresso por uma "tendência ao progresso". Durkheim não pode acolher a herança de Comte em sua totalidade.

b) Uma conivência mais estreita, porém mais dificilmente distinguível, aparece na confrontação dos *pressupostos* filosóficos que condicionam a concepção dos objetos da ciência social. Essa abordagem necessitaria de outros confrontos, com Spencer e os sociólogos alemães, em particular. Assumimos o risco de limitar nosso exame a Comte. Uma primeira convergência é evidente: Durkheim valoriza o *poder das determinações coletivas*. Sobre isto, ele se põe ao lado de Comte e o ultrapassa; pois, segundo ele, não basta afirmar que a sociedade reage sobre os indivíduos: é preciso chegar a delimitar uma "consciência coletiva", ou os "sentimentos coletivos" que são a fonte dos fenômenos sociais.

A *consistência própria* do social é igualmente um tema comtiano. Para Comte, uma sociedade não é decomponível em indivíduos. Para Durkheim, o todo é superior à soma das partes. A causa dos fenômenos sociais é supra-individual, social, portanto irredutível às determinações psicológicas individuais. Esse princípio, que se opõe frontalmente à psicologia social interindividual de Gabriel Tarde, é formulado assim por Durkheim: quanto a suas propriedades, o todo é heterogêneo aos elementos que o compõem; ou, ainda, ele o ilustra por um paralelismo moderado do biológico e do social: da mesma forma que as propriedades de uma célula não são as das moléculas inorgânicas das quais ela se compõe, assim a vida social tem suas próprias leis, é irredutível à vida psíquica dos indivíduos. O fato social possui "uma existência própria, independente de suas manifestações individuais".[9]

---

9. E. Durkheim, *Les règles de la méthode sociologique*, p. 14. Cf. também todo o prefácio da segunda edição.

O que nos conduz à questão da *organicidade* da sociedade. Se Durkheim luta contra um organicismo estrito, ele admite, por outro lado, como Comte, uma analogia parcial e indutiva. Sobre isso, os textos não deixam qualquer dúvida. Completa, a analogia não tem "nada de científico". Parcial, ela reencontra um valor heurístico, com a condição de que se faça dela um uso crítico e se veja aí "uma primeira maneira de conceber as coisas". A analogia é indutiva em Durkheim na medida em que este subordina seu uso ao seguinte imperativo metodológico: observar primeiro o objeto social "em si mesmo, por si mesmo, e seguindo um método apropriado".[10]

c) Abandonemos o terreno das orientações epistemológicas, filosóficas ou metodológicas, e passemos à realização do programa: as afinidades se revelam no próprio *conteúdo* do discurso da sociologia. Só podemos aqui indicar brevemente alguns pontos de convergência. A idéia da ciência como produção coletiva: "Ela é social porque é o produto de uma vasta cooperação que se estende não apenas a todo o espaço, mas a todo o tempo. Ela é social porque supõe métodos, técnicas que são a obra da tradição e que se impõem ao trabalhador com uma autoridade comparável àquela da qual são investidas as regras do direito e da moral".[11] A articulação passado-futuro-presente: "É somente estudando com cuidado o passado que poderemos chegar a antecipar o futuro e compreender o presente".[12] A idéia de uma educação universal: "A ação educadora só pode ser profunda nesse ponto com a condição de não ser puramente local [...], e sim envolver a inteligência inteira, sem deixar escapar nada". A tese da imoralidade do puro estetismo:

---

10. E. Durkheim, *Textes*, t. 1, p. 373.
11. Ibidem, p. 192
12. E. Durkheim, *L'Évolution pédagogique en France*, Paris, PUF, Quadrige, 1990, p. 16.

"uma cultura exclusivamente ou essencialmente estética contém em si mesma um germe de imoralidade [...]".[13]

2. O anti-reducionismo de Comte e sua abordagem histórica impregnam a epistemologia francesa, chegando a lhe conferir um selo tipicamente "nacional". Tentaremos demonstrar isso passando em revista três grandes figuras do saber: Émile Boutroux, Léon Brunschvicg, Michel Foucault.

a) Boutroux defende uma posição *anti-reducionista* que, mesmo sendo representativa de uma corrente "espiritualista" do final do século XIX, não é menos atual pelos seus efeitos. Para ele, o universo estudado pelas ciências se apresenta como uma hierarquia de ordens, entre as quais se intercala a cada estágio uma novidade. "Assim, um mundo determinado possui, em relação aos mundos inferiores, certo grau de independência".[14] A intervenção do físico no mecânico, determinada do ponto de vista físico, é contingente em relação ao mecânico; a intervenção do vital no físico, determinada em relação ao vital, é contingente em relação ao físico, e assim por diante, segundo o mesmo princípio. A soltura do laço necessitário e a descontinuidade no escalonamento se manifestam de várias maneiras: ao passo que os estratos inferiores, nos quais a lei predomina sobre o ser, são regulados pelos princípios de conservação ("nada se perde, nada se cria"), os estratos superiores, onde o ser predomina sobre a lei, são subordinados a princípios de criação, e a tarefa do filósofo é retornar à "fonte criadora" do ser. Por outro lado, a individuação emerge no ser vivo de um modo que torna opaca a dedução do superior pelo inferior. A finalidade, extra-empírica, deve se unir, na explicação, à causalidade mecânica.

---

13. Ibidem, p. 239-40.
14. E. Boutroux, *De la contingence des lois de la nature*, Paris, Germer Baillière, 1874, p. 153.

b) A filosofia das ciências de Brunschvicg retoma, pelos avanços da razão matemática, uma dinâmica teleológica do espírito, sujeito geral que não se deixa interrogar senão em movimento. É a história sinuosa de seus esforços e de suas produções que, sozinha, testemunha sua capacidade de se corrigir, criando meios imprevistos para explicar um mundo complexo que o homem deixa progressivamente de imaginar à sua medida. Brunschvicg censura a Comte uma sistematização excessiva, que congela o progresso do espírito científico dentro do contexto de um esquema preconcebido, e percebe no pensamento de Comte uma tensão entre o racionalismo aberto herdado dos enciclopedistas e um dogmatismo atestado pela "obsessão" romântica da síntese e das totalidades orgânicas: contradição que se evidencia na passagem para o positivismo religioso, que Brunschvicg interpreta como uma ruptura. Mas como não ver na exposição dessa contradição a revelação de uma filiação abortada? Porque Comte, que desvia o positivismo do espírito de análise das Luzes, é também "o pensador que insistiu com mais felicidade sobre a importância primordial da história das ciências para interpretar legitimamente a evolução da humanidade".[15] De fato, nos grandes temas da filosofia de Brunschvicg, podem-se notar com facilidade reminiscências comtianas, quer se trate das *idades da inteligência*, das *etapas* do pensamento científico, da *continuidade* do progresso humano, ou da identidade do avanço do *espírito* e do futuro da *civilização*.

c) O empreendimento epistemológico de Foucault consiste não mais em apreender o espírito humano através de suas criações ou suas produções, mas em buscar aquilo que torna possíveis os saberes, ou, mais exatamente, definir as configurações a partir das quais se

---

15. L. Brunschvicg, *Les Âges de l'intelligence*, 1934, 3. ed., PUF, 1947, p. 8.

ordena, em uma seqüência histórica determinada, sua construção. A *arqueologia* da cultura proposta por Foucault alcança também, indo além de Brunschvicg, uma problemática kantiana, mas desviada de seu sentido kantiano: ao invocar um *a priori histórico* que seja um conjunto transformável, Foucault indica que ele procura não as condições gerais de validade do julgamento, mas as condições de realidade dos enunciados, quer dizer, os sistemas de regras particulares que condicionam efetivamente os enunciados. Estes devem então ser retomados nas práticas discursivas, que são funções anônimas e não mais produções conscientes de um sujeito criativo ou de uma razão unificadora. Cada sistema de regras constitui uma base historicamente determinada, dada na descontinuidade, e é isso que Foucault chama uma *episteme*.

Se a idéia de um transcendental histórico ainda pode evocar o espectro de Kant[16], a noção de episteme lembra aquilo que nomeamos deliberadamente, no segundo capítulo deste livro, os *regimes de saber*, segundo Comte. Foucault define episteme como "o conjunto das relações que podem unir, numa época determinada, as práticas discursivas que conduzem a figuras epistemológicas, ciências e, eventualmente, a sistemas formalizados".[17] Ora, a análise comtiana dos modos de explicação já fornece o quadro de uma reflexão sobre a maneira como se articulam os discursos científicos, uns aos outros, em um regime do espírito que estrutura sistematicamente sua configuração de conjunto. Melhor: Comte mostra as

---

16. Sobre a relação de Foucault e Kant, pode ser consultado P. Billouet, *Foucault*, Les Belles Lettres, 1999, p. 65-6, 82, 96-9, 118-9, 207 [ed. bras.: *Foucault*, São Paulo, Estação Liberdade, 2003, p. 67-8, 84, 99-102, 122-4, 217].
17. M. Foucault, *L'Archéologie du savoir*, Paris, Gallimard, 1969, p. 205 [ed. bras.: *A arqueologia do saber*, 7. ed., Rio de Janeiro, Forense Universitária, 2007].

ciências emergindo sobre fundo religioso, carregando elementos teóricos que trazem ainda a marca de seu nascimento teológico, e isso dentro de uma perspectiva que combina a ordem diacrônica e a ordem sincrônica para finalmente reelaborar uma temporalidade própria à análise dos saberes: um mesmo regime de saber pode se manifestar em diferentes épocas, e exercer sua ação de desregulação, de deslocamento, de reposicionamento, etc., no interior de um sistema de concepções que lhe seja logicamente anterior (o Destino na Antiguidade politeísta) ou logicamente posterior (as entidades nas ciências experimentais do século XIX).

Assim, Comte antecipa a réplica de Foucault ao contrasenso que consistiria em reduzir a noção de episteme a uma noção meramente historicista ("visão do mundo", "fatia de história comum a todos os conhecimentos", etc.). É preciso sem dúvida sentir, nesse alerta de Foucault, o perigo que existiria ao se pressupor o conhecimento como uma capacidade já dada, forma vazia à espera de um conteúdo variável segundo o tempo. Aquilo que a arqueologia deve então explicar são precisamente as operações que governam, assim como as práticas discursivas, a distribuição dos conceitos, o posicionamento do sujeito e todas as funções a partir das quais qualquer coisa se objetiva no que possamos livremente considerar *a posteriori* como um conhecimento. Isso explica a insistência de Foucault sobre a maneira como se operam "as passagens" à epistemologização, à cientificidade, passagens que podem ser, sabíamos desde Comte, "deslocadas no tempo".

Não é nossa intenção apagar as diferenças teóricas que cavam um fosso entre a abordagem de Comte e a de Foucault. Quisemos apenas sugerir o seguinte: se é permitido retomar a filosofia francesa dentro de uma visão ordenada e racional, repousando sobre as partilhas conceitualmente significativas em vez de fazê-lo sobre as filiações explicitamente reivindicadas, então se pode dizer que as perspectivas abertas por Comte desdobram seus efeitos filosóficos até na arqueologia dessas ciências do homem que o próprio Comte foi um dos primeiros a fundar.

Indicações bibliográficas

Seleção de obras sobre Comte

ARBOUSSE-BASTIDE, P. *La Doctrine de l'éducation universelle dans la philosophie d'Auguste Comte.* Paris: PUF, 1957. 2 vol.

BOURDEAU, M e CHAZEL, F. *Auguste Comte et l'idée d'une science de l'homme.* Paris: L'Harmattan, 2002. (Col. Histoire des Sciences Humaines)

CANGUILHEM, G. *Études d'histoire et de philosophie des sciences.* 2. ed. Paris: Vrin, 1970.

DESPY-MEYER, A e DEVRIESE, D. *Positivismes.* Brespol: Turnhout, 1999.

FRICK, J.-P. *Auguste Comte ou la République positive.* Nancy: Presses Universitaires de Nancy, 1990.

GOUHIER, H. *La Jeunesse d'Auguste Comte et la formation du positivisme.* Paris: Vrin, 1933-41. 3 vol.

———. *La Philosophie d'Auguste Comte*: esquisses. Paris: Vrin, 1987.

———. *La Vie d'Auguste Comte.* Reed. com intr. de Annie Petit. Paris: Vrin, 1997.

GRANGE, J. *La Philosophie d'Auguste Comte*: science, politique, religion. Paris: PUF, 1996.

KREMER-MARIETTI, A. *Le Projet anthropologique d'Auguste Comte.* Paris: SEDES, 1980.

LÉVY-BRUHL, L. *La Philosophie d'Auguste Comte.* Paris: Alcan, 1900.

MACHEREY, P. *Comte*: la philosophie et les sciences. Paris: PUF, 1989. (Col. Philosophies).

MILL, J. S. *Auguste Comte et le positivisme*. Trad. franc. G. Clemenceau. Texto revisado e apresentado por Michel Bourdeau. Paris: L'Harmattan, 1999.

MUGLIONI, J. *Auguste Comte*: un philosophe pour notre temps. Paris: Kimé, 1995.

PETIT, A. *Heurs et malheurs du positivisme comtien*: philosophie des sciences et politique scientifique chez Auguste Comte et ses premiers disciples (1820-1890). Tese de doutorado do Estado. Paris: 1993. 3 vol.

PICKERING, M. *Auguste Comte*: an intellectual biography. Cambridge: Cambridge University Press, 1993. vol. I.

Edições especiais e coletivas

Imprévue, 1997, 1-2 CERS, Montpellier III.
Les Études Philosophiques, 1974, número 3.
Revue Philosophique, 1985, nº 4, out.-dez.
Revue de Synthèse, quarta série, 1991, nº 1, jan.-mar.
Romantisme, 1978, nº 21-22.

Registramos, também, um trabalho em curso de Michel Bourdeau sobre as possíveis aplicações da "política positiva" à sociedade atual.

ESTE LIVRO FOI COMPOSTO EM SABON
CORPO 10,7 POR 13,5 E IMPRESSO SOBRE
PAPEL OFF-SET 75 g/m² NAS OFICINAS DA
BARTIRA GRÁFICA, SÃO BERNARDO DO
CAMPO - SP, EM JANEIRO DE 2008